Eva-Maria Rausch
Buren, Bantus, Biedermänner

Eva-Maria Rausch

Buren, Bantus, Biedermänner

Widersprüche am Kap

Als Journalistin in Südafrika

MOEWIG

Originalausgabe
© 1989 by Verlagsunion Erich Pabel-Arthur Moewig KG, Rastatt
Alle Rechte vorbehalten
Umschlagentwurf- und gestaltung:
Werbeagentur Zeuner, Ettlingen
Umschlagfoto: dpa
Verkaufspreis inkl. gesetzl. Mehrwertsteuer
Druck und Bindung: Ebner Ulm
Printed in Germany 1989
ISBN 3-8118-1061-8

Für Patrick,
ohne den ich nie angefangen hätte.
Und für Iris,
ohne die ich nie fertig geworden wäre.

Inhalt

Einführung 9

Elsa und Piet
Ein ganz normales burisches Ehepaar 15

»Wenn wir es schaffen, dann schaffen es die
anderen auch«
Portrait eines politischen Wandlungsversuchs 27

Arme Weiße
Beobachtungen in einem weißen Arbeitslosenghetto . . .37

»Wir wollen doch nur, was uns gehört«
Rechtsradikalismus am Kap .43

Das verklemmte Volk
Psychogramm einer Nation. .55

Die Schere im Kopf
Kunst und Kabarett im Ausnahmezustand 65

Reform ist, wenn Weiße verfolgt werden
*Wie eine »gute« Familie in die Mühlen
der Apartheid gerät* 71

In Sandton ist Soweto-Tag
Nachbarschaftliche Beziehungen von
Rassen und Klassen. 85

Alexandra nach den Nachrichten
Ein schwarzes Township zwischen
Alltag und Aufstand. 91

Die Katze im Sack
Wie man Terroristin wird in Südafrika 111

Township Topmanager
Eine schwarze Frau macht Karriere 157

Hexe im zweiten Lehrjahr
Leben zwischen Zauber und Zukunft 165

Unbekannte Heimat
Die Hoffnungslosigkeit der Homelandpolitik 171

»Und dann fielen sie in Liebe . . .«
Deutsche am Kap 185

Die Welt in einem Land
Reisen in Südafrika 195

Hungern für die Humanität
Mosambik nach der Unabhängigkeit 205

Verzeichnis der Bildquellen 222

Einführung

Keiner meiner Briefe aus Südafrika umfaßte weniger als zehn Seiten. Und irgendwo kam in diesen Briefen immer das Wort »differenzieren« vor. Die Reaktionen aus Deutschland ähnelten sich in auffälligem Maße. »Liebe Eva, Apartheid ist Rassismus. Und Rassismus kann man nicht differenzieren. Man muß ihn ganz einfach abschaffen« – so lautete die knappste und eindeutigste Antwort, die ich auf einen dieser Briefe voller Schilderungen und Erläuterungen erhielt.

Wie so viele andere hatte auch dieser Freund und Kollege mich damals wütend und ohnmächtig gemacht mit seiner Reaktion. Sie basierte nicht etwa auf eigener Anschauung, sondern auf medienvermittelten Meinungen anderer. Die Auseinandersetzung des Briefschreibers mit Südafrika war von vornherein auf ein dogmatisches Fazit reduziert, sein Bild von diesem Land beruhte vor allem auf knappen, ausschnitthaften Fernsehberichten. Und darüber hinaus wollte er auch gar nicht behelligt werden. Die Konsequenz: Er mußte mich mißverstehen, so wie ich zuvor andere Südafrikarückkehrer mißverstanden hatte, als sie mir erklärten: »Also, einiges ist da schon anders, komplexer, verwirrender . . .« Bevor ich selbst am Kap war, wußte eben auch ich immer sofort, was ich über die Urheber solcher Sätze zu denken hatte: Es waren für mich Menschen, an deren moralischer Integrität, an deren politischem Bewußtsein und vor allem an deren Kritikfähigkeit Zweifel angebracht waren.

Und nun saß ich selbst in Südafrika und schrieb Briefe, die mit den Worten: »Also, einiges ist hier schon anders, komplexer, verwirrender . . .« anfingen. Sie sollten nicht etwa Apartheid rechtfertigen oder grausame Tatsachen mit lebhaften Bildern schönfärben. Mein Ziel war es vielmehr, Zwischenbereiche auszuleuchten, Grautöne zwischen Schwarz und Weiß einzufügen und nicht schon mit dem – und das sei hier ausdrücklich betont – ohne Zweifel richtigen Schluß »Apartheid ist Rassismus« meine Berichte zu beginnen.

Nachdem ich die Mechanismen der Auslandsberichterstattung und der aus ihr resultierenden Meinungsbildung hier bei uns, die Macht der Massenmedien und die Unzulänglichkeiten meines Berufsstandes selbst zu spüren bekommen hatte, nahm ich mir vor, dieses Buch zu schreiben: Ich wollte selber Fakten sammeln und sie zu einem – mit Sicherheit immer noch lückenhaften – Mosaik zusammenfügen. Ein Nebeneinander von Reportagen, Portraits und Schilderungen von Betroffenen schienen mir das geeignetste Mittel, den Menschen und nicht nur dem System am Kap gerecht zu werden, aber auch das geeignetste Mittel zur Umsetzung und Übermittlung meiner vielschichtigen, oft verwirrenden Erfahrungen. So wollte ich dem Leser die Freiheit geben, eigene Schlüsse zu ziehen.

Noch unmittelbar vor meiner Abreise hatte ich mich für gut informiert und bestens vorbereitet gehalten. Aber schon gleich nach meiner Ankunft in Südafrika mußte ich begreifen, daß dieses informative Reisegepäck von keinem großen Nutzen sein sollte. Worthülsen wie »Apartheidsstaat« oder »Rassistenregime« im Kopf und unzählige Artikel und Statistiken im Koffer halfen mir bei der Bewältigung meiner Realität recht wenig.

Auf den ersten Blick wirkte das Land ganz anders auf mich, als ich erwartet hatte. So provozierte mein mit den

Worten »im Medienbereich tätig« gebrandmarkter Paß
die Kontrolleure am Flughafen nicht mal dazu, meinen
Koffer unter die Lupe zu nehmen. Und im Hotel
bediente mich am ersten Morgen ein weißer Kellner, mindestens ein Drittel der anderen Gäste indes war schwarz.

Und die engstirnigen, hinter ihrer Wagenburg ver-
schanzten Buren? Wo ich auch hinreiste, standen mir Tür
und Tor offen. Nirgendwo habe ich jemals eine so herzli-
che Gastfreundschaft erlebt wie in Südafrika. Nirgendwo
sind fremde Menschen so offen und hilfsbereit auf mich
zugegangen. Während der ersten Monate bin ich von
einem Gastgeber zum nächsten gereicht worden. Alle
wollten sie mir ihr Land präsentieren, wollten mir beweisen, daß sie nichts mit dem Feindbild zu tun haben, das
wir uns vom rassistischen Buren aufgebaut hätten.

Die meisten Weißen, die ich am Kap getroffen habe,
waren der festen Überzeugung, der Wandel im Land sei
sinnvoll und unabdingbar. Und sie waren sich sicher,
auch schon eine ganze Menge für diesen Wandel getan zu
haben. Fast jeder hatte als Alibi irgendein Projekt vorzuweisen, in dem er sich für die Verbesserung der Lebensbedingungen der Schwarzen einsetzte. Nur: Kein einziger
hatte direkten Kontakt zu einem dieser Schwarzen. Die
meisten waren von Kindheit an in die freiwillige Gefangenschaft ihres weißen Luxusghettos hineinerzogen worden und hatten noch nie ein schwarzes Township betreten, waren versklavt von ihrer Angst vor jeglicher Andersartigkeit, unfähig und unwillig, über die Grenzen ihres
weißen Wohlstands zu schauen.

Natürlich waren die Herzlichkeit, die Offenheit und
das europäisch großzügige Leben der Weißen, das mir so
unerwartet vertraut vorkam, verlockend für mich. Natürlich war die Gefahr groß, den Reizen dieses weiten, viel-
gesichtigen Landes zwischen Wüste und Meer zu erlie-
gen. Und natürlich zog ich zu Anfang in Diskussionen
den kürzeren, wenn das Standardargument für Ausländer

wie ein Trumpf aus dem Ärmel gezückt wurde: »Aber Sie kennen Südafrika ja noch gar nicht. Woher nimmt die ganze Welt die Arroganz, besser wissen zu wollen, was gut für Südafrika ist, als die Südafrikaner selbst.«

Ich muß zugeben, daß ich in der ersten Phase meines anderthalbjährigen Aufenthalts gefährdet gewesen bin, mich von der weißen Heile-Welt-Inszenierung vereinnahmen zu lassen. Doch die Distanz stellte sich rasch wieder her, als ich das »andere« Südafrika kennenlernte.

Den Zugang zu finden zu dieser anderen Seite der Kaprepublik, war für mich viel schwieriger. Nicht etwa, daß mir wegen meiner Hautfarbe Mißtrauen oder Antipathie entgegengeschlagen wären – aber es stellte sich als überraschend schwierig heraus, eine gemeinsame Wellenlänge zu finden. Nur Gemeinsamkeiten können verbinden. In einem durch und durch geteilten Land aber sind Gemeinsamkeiten kaum zu finden. Nicht nur die meisten Weißen haben einen begrenzten Horizont, auch viele Schwarze weigern sich mittlerweile, über ihren Tellerrand hinauszuschauen. Kein Wunder – wurden sie doch jahrhundertelang außen vor gehalten, so daß auch ihnen Kommunikations- und Verständnislosigkeit fast zwangsläufig in Fleisch und Blut übergegangen sind.

Und so mußte ich begreifen, daß das Leben der meisten Schwarzen am Kap überhaupt nichts mit meinem Leben gemein hatte. Gespräche erwiesen sich als mühselig, weil jede Kleinigkeit zuerst definiert werden mußte. Und der Versuch, sich auf einer privaten Basis zu nähern, endete fast immer in einer schwerfälligen Inszenierung.

Zum Glück aber gab es zwei schwarze Freunde, die den zähen Prozeß der Annäherung durchgehalten haben. Beide haben einen Weg gefunden, die räumliche und manchmal auch geistige Distanz zwischen uns zu überbrücken. Und beide haben nicht aufgegeben, mir den Weg ins schwarze Südafrika zu ebnen.

Was ich in diesem schwarzen Südafrika an Folter- und Seelennarben zu sehen bekommen habe, übersteigt alles, was selbst die grauenerweckendsten Fernsehbilder zu Hause vermitteln können.

Daß ich die Möglichkeit hatte, mich recht intensiv mit dem »anderen« Südafrika vertraut zu machen, habe ich nicht zuletzt dem Umstand zu verdanken, daß ich nicht offiziell als Journalistin akkreditiert war. Nach zähen, ein ganzes Jahr dauernden Verhandlungen mit der südafrikanischen Botschaft in Bonn hatte man mir dreimal ein Journalistenvisum verweigert, sich aber schließlich zu einer Aufenthaltserlaubnis für Studienzwecke durchringen können. Damit unterlag ich nicht der üblichen Pressezensur. Während sich die »offiziellen« Kollegen täglich mit den Pressegesetzen, mit Dreherlaubnissen und Rechtsanwälten rumschlagen mußten und weitgehend auf ihr Ausländerghetto und irgendwelche Pressekonferenzen beschränkt waren, hatte ich die Möglichkeit, Einblicke in das südafrikanische Alltagsleben zu nehmen und mich mit meinen Recherchen an die unmöglichsten Stellen vorzuwagen: schwarzer Untergrund, Townships bei Nacht, Geheimtreffen politischer Aktivisten, weiße Industrielle, hochrangige Politiker, Staatsunternehmen, Armeeoffiziere und Polizisten – nur selten war irgendeine Tür verschlossen gewesen.

Wie ungewöhnlich der Freiraum war, den ich genoß, zeigt schlaglichtartig eine Begebenheit, die sich fast ein Jahr nach meiner Ankunft in Südafrika zutrug.

Damals – ich hatte schon dreimal eine Verlängerung meiner Aufenthaltsgenehmigung bekommen – schleppte mich eine Kollegin zu einem Empfang des Informationsministeriums für die ausländischen Journalisten. Zwischen Kapwein, Lachshäppchen, Propaganda und Small talk im Stehen machte ich dann die ersten persönlichen Erfahrungen mit den einschüchternden Mechanismen des

Systems: »Sie kenne ich ja noch gar nicht« – mit diesen Worten baute sich wie aus dem Nichts ein Südafrikaner vor mir auf, als ich mich gerade schon wieder auf den Heimweg begeben wollte. Innerhalb von wenigen Minuten stellte sich heraus, daß er für jemanden, der mich nicht kannte, eine ganze Menge über mich wußte. Wenige Tage später im Büro seines Vorgesetzten wußte man noch viel mehr. Dort erwarteten mich nicht nur zwei Herren, die ein regelrechtes Verhör mit mir durchführten, sondern zu meinem Erstaunen auch eine zentimeterdicke Akte zu meiner Person. »Wir sind etwas enttäuscht, daß Sie sich nicht eher bei uns gemeldet haben, was doch eigentlich selbstverständlich gewesen wäre. Aber wir wissen, daß Sie . . . Uns ist bekannt, daß Sie . . . Ja, und Ihr Bekannter Soundso . . .«

Seltsamerweise blieb es bei dieser einmaligen Demonstration von Muskeln und Macht. Ohne Zweifel war ich ihnen nicht wichtig genug, um ihnen die Mühen einer intensiven Kontrolle meiner Arbeit abringen zu können.

Diese Begegnung mit dem System ließ keinen Zweifel mehr an seiner perfiden Macht. Dennoch bin ich im nachhinein froh darüber, daß ein solches Erlebnis nicht am Beginn meiner anderthalb Jahre am Kap stand. Daß ich dieses Land in »Wellen« erlebte, daß ich die Möglichkeit hatte, zunächst meine eigenen Vorurteile abzustreifen und mich ganz vorbehaltlos den Menschen zu nähern.

Das Buch spiegelt in seinem Aufbau die verschiedenen Etappen wider, in die sich mein Versuch, dieses Land kennenzulernen, gliederte: Es führt vom weißen in das schwarze Südafrika.

Daß Apartheid Rassismus ist, weiß ich heute mehr denn je. Nur eines weiß ich immer noch nicht: was die Lösung für Südafrika wäre.

Elsa und Piet

Ein ganz normales burisches Ehepaar

Der Präsident spricht im Fernsehen. »*Wir sind keine Nation von Schwächlingen.*« Elsa knabbert ihre Chips zu laut. Piet straft sie mit einem kurzen Blick. »*Wir sind kein Dritte-Welt-Land. Feindschaft beantworten wir aus einer Position der Stärke. Unsere Vorfahren waren tapfere Männer und Frauen – Pioniere in Afrika. Sie brachten Frieden, wo blutiger Völkermord herrschte. Freiheit, wo Kolonialismus war.*«

Johanna, das schwarze Hausmädchen, kommt herein und serviert den Tee. Auch ihr Tassenklappern wird mit einem Blick von Piet bestraft. Aber heute ist Sonntag. Heute darf sie ein halbes Stündchen fernsehen. Johanna geht auf die Knie und zwängt ihr breites Hinterteil zwischen die Waden. »*Sie ließen ein großes Land entstehen. In diesem Land lohnt es sich zu leben, und es lohnt sich, dafür zu sterben. Aber wir wollen Frieden in Afrika.*«

Der Präsident verschwindet vom Fernsehschirm. Die orange-weiß-blaue Nationalflagge nimmt jetzt das ganze Bild ein. Bert drückt das Rückgrat durch und den Po in die Velourskissen. Die südafrikanische Nationalhymne ertönt zum 75jährigen Bestehen der südafrikanischen Armee.

Elsa starrt auf die verführerische Chipstüte, entscheidet sich dann aber für das lautlose Feilen ihrer krallenartigen, roten Fingernägel. »Ein südafrikanisches Markenzeichen«, hat sie mir mal erläutert. »Euch deutsche Frauen erkennt man doch immer gleich an den gräßlichen unrasierten Beinen, den Haarbüscheln unter den Armen und den verstümmelten Fingernägeln.«

Die Nationalhymne ist zu Ende, Bert in die Couch zurückgefallen. Gerade als Elsa einen kräftigen Griff in die Chipstüte wagen will, scheppert es plötzlich grell aus dem Lautsprecher. Zur Feier des Tages und zum Beweis der liberalen Haltung der Regierung hat man eine schwarze Militäreinheit aus Ovamboland eingeladen. Die Kamera zeigt zu gutturalen Tönen gehüpfte Märsche. Johanna wackelt unwillkürlich mit dem Hinterteil.

Piet schaltet um. Ein Spielfilm aus den USA. Eine Horde Rowdies hat gerade eine junge Frau eingekreist. Bedrohlich grinsend reden die Lederjackenhelden auf sie ein. Für den Bruchteil einer Sekunde fällt der Ton aus, wie von einem Wackelkontakt unterbrochen: An – Aus. An – Aus. Aber es ist kein Wackelkontakt. Es ist die südafrikanische Zensur, der einige amerikanische Kraftausdrücke weichen mußten.

Jetzt greift auch Piet zu den Chips. Johanna begibt sich sichtlich gelangweilt wieder in die Küche. Eigentlich hätte *Schwarzwaldklinik*, in Afrikaans synchronisiert, auf dem Programm gestanden. Aber heute hat ja der Präsident im Fernsehen gesprochen.

Der Präsident hat recht, wenn er sagt, daß er keinem Volk von Schwächlingen angehört. Elsa nimmt all ihren Mut zusammen, um den Beweis anzutreten: »Wir müssen uns scheiden lassen, dann ist unser Problem gelöst.«

Piet vergißt, seinen Chip zu kauen. Vom Speichel aufgeweicht, fällt ihm ein Kartoffelbröckchen aus dem Mund. »Ja, Piet. Du könntest sagen: ›Meine Frau hat mich verlassen und unsere Tochter mitgenommen.‹ Niemand würde was merken, und wenn Ruth und ich weit genug weggingen, nach Graaff-Reinet oder Pietermaritzburg, dann könnte sie das Baby behalten.«

16

»Du bist ja verrückt. Das Kind wird zur Adoption freigegeben, und bis dahin wird niemand was merken. Und jetzt hör auf mit diesem Unsinn!«

Wie immer, wenn Elsa auf ihn einredet, in seine Seele oder seine Gedankenwelt eindringen will, geht er wortlos – ins Bett, so wie jetzt; auf den Golfplatz; in den Club. Aber meistens kommt er gar nicht erst nach Hause. Wenn alle längst Feierabend haben, sitzt Piet noch immer über den Akten.

Er weiß, dieses Johannesburg ist nicht mehr Nelspruit, wo ein anständiger Bure mehr zählt als alles andere. Dieses Johannesburg will im Trend liegen und unbedingt von der Welt akzeptiert sein. Er weiß, daß seine Firma genauso denkt, seitdem der Chef mit seinen Reformideen hausieren geht. Er weiß, daß jetzt seine Herkunft und seine Vergangenheit täglich neu mit Mehrleistungen übertüncht werden müssen, wenn er weiterkommen will oder nur da bleiben, wo er ist. Sein Akzent, seine Krawatte, sein Haus in Krügersdorp, auch seine Frau – alles verrät, daß er keiner von ihnen ist. Die meisten anderen Abteilungsleiter, Briten oder Buren mit Studium, nennen sich liberal und versuchen weltmännisch zu erscheinen. Auf jeden Fall sind sie eloquent und vom Managementtraining gestrafft. Natürlich lebt keiner von ihnen in Krügersdorp, diesem verklemmten Rüschengardinenvorort unter *voortrekker*-Staub. Aber sie alle müssen zugeben: Piet versteht was von seiner Materie. Daß er jahrelang mit Elsa und den Kindern von Baustelle zu Baustelle gezogen ist, macht sich jetzt bezahlt. Den Rest macht er eben mit Überstunden, absoluter Pünktlichkeit und Loyalität dem Chef gegenüber wett. Und Elsa, die hatte er bis jetzt auch weitgehend unter Kontrolle. Wenn bei einer offiziellen Einladung der Kontakt mit »den anderen« unumgänglich war, dann ging er eben früh genug mit ihr nach Hause. Er wußte ja, daß ihre Kleinbürgerlichkeit, ihr grelles Gekicher und ihr leichtfertiger Umgang mit den Körpern anderer Männer nicht mehr zu bremsen waren, wenn sie mal wieder zu tief ins Glas geschaut hatte. Und das hatte sie meistens.

Einem solchen Zustand von Elsa hatte ich es wohl auch zu verdanken, daß mich meine ersten Wochen am Kap gleich mitten ins burische Leben führten. Mit Familienanschluß inklusive Familiendrama.

Als Gast aus *overseas* war ich ein paar Tage nach meiner Ankunft zu einem Gartenfest eingeladen worden. Und die Fremde aus *overseas* schien Elsa gleich mächtig zu interessieren. »So, so, Sie sind also einer dieser Lügenbolde, die diesen Blödsinn über unser Land verbreiten?« plänkelte sie los und hörte fürs erste auch nicht mehr auf. Alles wollte sie wissen, und alles schien sie zu interessieren. »Im Hotel wohnen Sie? Kommt gar nicht in Frage! Ich hab' eine viel bessere Idee: Sie wohnen bei uns. Auch wenn Sie zu diesen schrecklichen Journalisten gehören, die noch schrecklichere Lügen über unser Land verbreiten«, kicherte sie mir auf einmal entgegen, begeistert von ihrer eigenen Idee. »O ja, Piet. Dann kann sie mal sehen, daß wir Buren richtige Menschen sind.«

Am nächsten Morgen, es war Sonntag, stand Piet vor meiner Tür. »Elsa hat es Ihnen versprochen, und wir Südafrikaner halten unser Wort. Ab jetzt sind Sie unser Gast.« Er wirkte ernst, sogar ein bißchen schroff. »Frühstück gibt es gleich bei uns. Elsa hat schon alles vorbereitet.«

Elsa hat versprochen ... Elsa hat vorbereitet ... Piet schien sich bei der Geschichte weniger wohl zu fühlen als seine Frau. Und ich wußte auch nicht, wie ich damit umgehen sollte. »Aber . . .«

»Kein Aber, Sie sind herzlich willkommen. Und jetzt packen Sie schnell Ihre Koffer.«

Spiegeleier mit Speck, gebackene Tomaten, Bratkartoffeln, Nieren und Bratwurst – alles schwimmt im Fett.

Kein mickriges *continental breakfast* für stromlinienförmige Jetsetter aus dem Hotel – an meinem ersten Morgen bei Elsa und Piet gibt's Deftiges für *voortrekker* und Rugby-Spieler und alle anderen Leute mit dreifachem Kalorienverbrauch.

Johanna hat die Warmhalteplatte vergessen und Kaffee verschlabbert. »Bei uns kann sich Johanna wirklich nicht beklagen. 130 Mark und ein schönes Zimmer. Aber statt es mal anständig zu putzen, benutzt sie es lieber, um sich die Nächte mit irgendeinem Kerl um die Ohren zu schlagen. Und am nächsten Morgen ist sie dann zu nichts zu gebrauchen. Meine Liebe, heute kannst du dein Fernsehen vergessen.«

Weil ich nicht weiß, wo ich hingucken soll, fällt mir jetzt das vierte Gedeck schräg gegenüber auf. Piet durchbohrt Elsa fast mit seinem Blick. Dann guckt er mich an und schließlich den leeren Teller neben sich. »Wir haben eine Tochter.« Wie ein gräßliches Geständnis preßt Piet die Worte heraus. »Elsa hat es im Moment nicht ganz leicht. Unsere Tochter . . . Da gehen ihr schon mal die Nerven durch. Unsere Tochter ist gerade siebzehn. Sie heißt Ruth.«

»Und Ruth, unsere siebzehnjährige Tochter, bekommt ein uneheliches Kind«, kürzt Elsa ab.

»Niemand weiß davon, nur meine Frau und ich. Unsere Religion verbietet Abtreibung. Aber ein uneheliches Kind . . . Wir haben sie von der Schule genommen. Bis dahin ist sie in einem Klosterinternat für alleinstehende Mütter besser aufgehoben. Nur am Wochenende kommt sie nach Hause. Heute morgen hat sie noch ein bißchen Scheu. Sie verstehen schon. Aber Sie werden sie bestimmt mögen. Tja, es tut mir leid, daß Sie mit so etwas behelligt werden. Aber Elsa hatte nun mal versprochen, daß Sie unser Gast sind. Und Versprechen halten wir, wie gesagt. Aber bei Ihnen geht man mit solchen Dingen ja sowieso zwangloser um . . .« Piet hört überhaupt nicht

mehr auf zu reden. Daß ich mich bestimmt wohl fühlen
werde. Und daß Elsa und Ruth so dringend jemanden
brauchen, mit dem sie reden können. Und daß wir schon
eine gute Zeit miteinander haben werden.

Voortrekker-Frühstück gibt's nur am Sonntag. Während
der Woche flieht Piet schon kurz nach sechs ins Büro und
taucht erst spät am Abend wieder auf. Wenn Elsa nicht
gerade hellblaue Babyschühchen häkelt oder auf ihrer
Strickmaschine Lurexgarn für fünfzig Mark und für
andere Leute über die vollautomatischen Nadeln jagt,
wird sie von ihrer Angst vor der Ächtung gepeinigt.
Wenn Ruth da ist, schleicht sie wie in einer nie endenden
Depression von einem Zimmer ins andere, oft tagelang
ohne ein Wort zu sagen. Und wenn's klingelt, muß sie in
ihr Zimmer. Ansonsten läuft der Fernseher heiß.
»Fernsehen gibt's bei uns doch erst seit fünfzehn Jahren. Das ist eben immer noch was Besonderes – gerade
hier draußen. Aber auch hier ist alles eigentlich rasend
schnell gegangen. Das könnt ihr euch da in Europa überhaupt nicht vorstellen, wie sehr sich unser Land verändert
hat und wieviel freier das Leben geworden ist. 1975
mußte ich noch im langen Rock ins Kino gehen, und jetzt
diskutieren sie darüber, die Kinos auch am heiligen Sonntag zu öffnen.« Ich weiß mittlerweile, daß Elsa mich nicht
etwa auf den Arm nehmen will. Sie erzählt mir das alles,
damit ich mal sehen kann, »daß Buren auch richtige Menschen sind«.
Nach zehn Jahren und trotz der großen Veränderungen
im Land nennt Johanna die beiden immer noch *Madam*
und *Master* und arbeitet sechseinhalb Tage die Woche. In
der Nachbarschaft gibt es keine Punker – nur ordentliche
Leute und eine Bürgerwehr, die mit Graffiti und Mord-
drohungen gegen einen Hausbesitzer Sturm läuft, der an
Schwarze vermietet hat. Piet hat für solche Leute kein
Verständnis: »Wir müssen uns daran gewöhnen zusam-

menzuleben. Aber hier draußen leben sie auf dem Mond, wissen gar nicht, was in Johannesburg für ein Wind weht.«

Elsa hat da ihre eigene, von der momentanen Familienproblematik bestimmte Theorie: »Die Babys der Schwarzen verbringen die ersten Jahre auf dem Rücken ihrer Mütter, festgezurrt in ein Tuch. Sie können nicht nach vorne sehen, nicht nach links und nicht nach rechts. Sie haben keine Kommunikation mit der Welt, und das beeinflußt ihr ganzes weiteres Leben.«

Piet will mir unbedingt das Golfspielen beibringen. Johanna besteht darauf, meine Unterhosen zu bügeln. Elsa nimmt zum Zeichen ihrer Gastfreundschaft in meinem Zimmer die Gardinen ab und legt Mottenkugeln in den Schrank (»Sonst sind hinterher die schönen Sachen aus Europa kaputt«). Ruth bringt mir sonntags morgens den Tee ans Bett. Ich kann mich nicht entsinnen, so etwas jemals im menschenfreundlichen *overseas* erlebt zu haben.

Allein mit den Mottenkugeln, den Häkelpuppen auf dem Nachttisch und den frischgewaschenen Gardinen, passiert mir immer wieder das gleiche – meine Gedanken drehen sich oft stundenlang im Kreis: Diese Menschen, die einer Wildfremden ihr Haus und ihre Gastfreundschaft anbieten, die ihr Alltagsgesicht, ihre Gedanken und Ängste preisgeben, die sogar in einer ungewöhnlich schwierigen Situation unbedingt ihr Wort halten wollen, nur um in der Welt das Image ihrer Heimat geradezurücken – diese Menschen sind ununterbrochen gehetzt von der Angst vor ihren Nachbarn, vor ihren Freunden, vor Schwarzen, vor der Andersartigkeit anderer und davor, selbst nicht den Normen zu entsprechen.

»Obwohl Piet dagegen ist – wenn Ruth das Baby behält, gehe ich mit ihr weg. Sein Chef, seine Kollegen – keiner wird was merken. Piets Karriere wird niemals gefährdet. Er hat nicht sein ganzes Leben lang so hart gearbeitet, damit jetzt alles von dem dummen Fehltritt eines unerfahrenen Mädchens zerstört wird.«

Ruth fängt an zu heulen. Die einzige Kommunikationsform, zu der sie sich noch aufraffen kann. Doch Elsa entscheidet, daß es jetzt genug des leidigen Themas sei, daß jetzt mit mir über Erfreulicheres geredet werde. »Bevor du uns verläßt, haben wir noch eine Überraschung für dich. Piet hat sich das für den Lügenbold, der diesen Blödsinn über unser Land verbreitet, ausgedacht. Wirklich toll. Du wirst dich wundern.«

Die eigens für mich inszenierte Überraschung: Buren, Briten und Schwarze *zusammen* bei der sonntäglichen Grillparty – Raimond, ein feiner Freund aus Parkview, gibt sich die Ehre.

Raimonds Sohn studiert in London. Ruth sitzt zu Hause in ihrem Zimmer. Elsa hat sich bei einem Italiener ein neues Kleid gekauft. Piet meint, ein Gläschen Wein würde ihr heute wohl reichen. Raimonds Frau Cynthia führt uns in die Geheimnisse ihres echten Picasso ein und verrät sogar, daß einige der Bücher in ihrer repräsentativen Kirschbaumschrankwand in Südafrika verboten sind. Raimond meint, man sähe sich viel zu selten, obwohl man sich doch in der Firma so gut verstehe; aber: »Krügersdorp ist nun mal nicht gerade der Nabel der Welt. Ganz schöne Fahrerei.«

Da sind alle natürlich besonders froh, daß es heute einmal geklappt hat. Endlich mal alle beisammen. Nur Raimonds Kumpel Joe fehlt noch. »Na ja, Soweto ist ja fast so weit wie Krügersdorp.« Raimond versteht sich aufs Scherzen, versichert uns Raimonds Frau.

Es klingelt. »Master Raimond, ein schwarzer Herr und eine schwarze Frau sind an der Tür. Soll ich sie hereinlassen?«

»Ach Theresa, wie oft habe ich Ihnen schon gesagt, Sie sollen mich nicht Master nennen. Und natürlich sollen Sie

sie hereinlassen, mein Kumpel Joe und seine Beauty sind heute unsere Gäste.«

Joe und Raimond haben sich lange nicht gesehen. Das ist bestimmt auch der Grund dafür, daß Joe ganz unbeholfen und sichtlich überrascht guckt, als Raimond ihn zur Begrüßung kräftig drückt. Beauty hat ein ganz reizendes Straußenledertäschchen. Fast das gleiche habe Raimond ihr zum Geburtstag geschenkt, stellt Cynthia entzückt fest und bittet zum Kaffee.

Die alten Kumpel fangen gleich mit Whisky an. Das Ereignis muß doch schließlich begossen werden. »Man sieht sich ja viel zu selten!« Da würde ich wohl staunen, wie hier alle fröhlich beisammensäßen. Davon stände bei uns in Europa wohl nichts in den Zeitungen.

Raimond haben sie gestern das Radio aus seinem Wagen geklaut. Joe erzählt ihm, daß er in seinem Mercedes jetzt eine todsichere Alarmanlage habe. Tja, Joe kann sich so ein Auto leisten. Joe ist nämlich Arzt mit eigener Praxis in Soweto. Und einen Flugschein habe er. Und alle Kinder seien auf den ersten Schulen des Landes. Da staunte ich wohl schon wieder. Wir in Europa wüßten eben nicht Bescheid, aber in Südafrika, da täte sich was. Beauty meldet sich zu Wort: »Ja richtig, vor fünf Jahren hättet ihr uns noch nicht zu euch nach Hause eingeladen.«

Jetzt muß Raimond aber das Grillfeuer anzünden. Und Cynthia soll mal ein richtig gutes Fläschchen aus dem Keller holen. Joe beweist Gespür für die Thematik: »Also, wenn sie den ANC* wieder erlauben würden, das wäre das Ende unseres schönen Landes.«

Raimond klopft Joe auf die Schulter: »Weißt du noch, wie wir schon vor Jahren in Fourways zusammen Golf gespielt haben? Das war damals der einzige Platz, wo das

* ANC: African National Congress (Afrikanischer Nationalkongreß), schwarze Widerstandsbewegung, seit 1960 in Südafrika verboten

erlaubt war. Und heute . . . Jetzt, wo das alles kein Problem mehr ist, sollten wir mal wieder ein Ründchen spielen, mein lieber Joe.«

Alle amüsieren sich prächtig bei diesem nationalen Gipfeltreffen. Wein und Whisky, Lammkoteletts und Hüftsteaks – Cynthia läßt es an nichts fehlen. Aber jetzt muß Joe uns unbedingt eine tolle Geschichte erzählen, die er neulich erlebt hat: »Da will ich mit meinem Mercedes nach Soweto reinfahren, als mich doch so ein junger weißer Schnösel von Polizist anhält. Straßensperre – er wolle meine Papiere sehen. Auf meinem Sitz liegt ein ganzer Stapel Flugblätter von einer Krebstagung, auf der ich gerade gewesen war. Unten auf dem Blatt sind ein paar Zigaretten abgebildet – ziemlich vereinfacht: Nur ein paar Röllchen übereinander. Und drüber steht: *Achtung Gefahr!* Der junge Polizist holt ganz aufgeregt seinen Vorgesetzten und hält ihm ein Flugblatt unter die Nase. Klare Diagnose: Das da auf dem Zettel, das sind gefährliche Dynamitstangen, und ich muß demzufolge ein Terrorist sein.«

Das Schenkelklopfen in der heiteren Runde will gar nicht mehr abreißen.

»Aber es wird noch verrückter: Meinen Revolver – den hab' ich immer dabei – unter dem Sitz entdeckt keiner, dafür stoßen sie aber auf mein Autotelefon, das in einem kleinen Kästchen zwischen den Sitzen versteckt ist. Der Grünschnabel raunzt mich an – wie man halt einen blöden Kaffer so angeht –, ich solle ihm gefälligst sagen, was das sei. Ich erwidere, er solle mir mal die Telefonnummer von seiner Freundin nennen. Er denkt, ich will ihn veräppeln, und wird ziemlich ungemütlich. Ich bitte ihn nochmals ganz freundlich, mir die Telefonnummer von seiner Freundin zu geben. Mit gerunzelter Stirn und zusammengekniffenen Augenbrauen gibt er mir tatsächlich eine Telefonnummer. Ich wähle und warte, bis sich jemand meldet. Dann gebe ich dem Grünschnabel das Telefon.

Und tatsächlich plaudert er mit seiner Freundin. Als er fertig ist, fragt er mich, was ich von Beruf sei. Ich kläre ihn auf, und er holt seinen Chef. Und jetzt haltet euch fest: Der Chef möchte auch mal telefonieren. Fünf Minuten später, nachdem der Chef sein Pläuschchen auch beendet hat, darf ich nach einer freundlichen Verabschiedung mit meiner unentdeckten Pistole unter dem Sitz weiterfahren.«

Joes Auditorium kann sich kaum noch halten vor Lachen. Alle prosten sich kräftig zu. Auch Elsa ist nicht bei dem einen Gläschen Wein geblieben. Jetzt müsse sie aber auch unbedingt die Geschichte von ihrer Nachbarin und dem gutaussehenden schwarzen Gärtner erzählen. Aber leider wird gerade jetzt der schöne Nachmittag unterbrochen: »Madam, Miss Ruth ist für Missis Elsa am Telefon.«

Der Arzt stellt einen Nervenzusammenbruch bei Ruth fest. Als wir nach Hause kommen, starrt sie schweißgebadet ins Leere, unentwegt die gleichen Sätze stammelnd: »Nur ein einziges Mal will ich es sehen, ein einziges Mal. Danach sind wir wieder eine ordentliche Familie. Dann wird unser Leben wieder so sein, als ob das Baby niemals in meinem Bauch gewesen wäre.«

Die ordentliche Familie kann ich nicht mehr erleben. Aber in meinem unordentlichen Hotelzimmer am anderen Ende von Südafrika gibt es ein Telefon. Tausend Kilometer entfernt ist Piets Sekretärin am Apparat: »Nein, Piet ist gerade nicht da. Aber setz dich hin, sonst fällst du tot um, wenn ich dir die neuesten Neuigkeiten erzähle. Deine lieben Gasteltern haben Ersatz für dich gefunden, nachdem du umgezogen bist. Du wirst es einfach nicht glauben, du kannst es gar nicht glauben . . . Der alte Piet – nie eine Gefühlsregung, immer Grabesmiene, Lächeln nur für den Chef – tja, jetzt hat er ein Kind adoptiert. Ein richtiges kleines Baby. Einen Jungen

natürlich. Vor mir aufgebaut hat er sich und einmal tief
Luft geholt: ›Wissen Sie, Marie, unsere Große ist ja nun
wirklich aus dem Gröbsten raus, und da langweilt sich
Elsa halt zu Hause. Aber natürlich soll meine Frau nicht
in irgendeinem staubigen Büro hocken, da ist doch was
Kleines viel besser für sie.‹ Tja, da staunst du: Unser alter
Piet wird Vater.«

Elsa und Piet sind ein ganz normales burisches Ehepaar.
Und sie wählen eine ganz normale südafrikanische Partei:
die regierende Nationale Partei unter der Führung von
Pieter Willem Botha.

»Wenn wir es schaffen, dann schaffen es die anderen auch«

Portrait eines politischen Wandlungsversuchs

Wir können nicht länger in unseren Elfenbeintürmen in Pretoria oder Johannesburg verstauben und unsere Macht darauf verschwenden, an den Menschen und an ihren Bedürfnissen vorbei zu entscheiden.«

Ein befremdlicher Satz für einen Mann an der Spitze eines südafrikanischen Staatsunternehmens. In diesen Tagen ein typischer Satz für Ian McRae, den ersten Mann von ESCOM, der staatlichen Elektrizitätsgesellschaft am Kap.

Fast genausolange bei ESCOM wie die Nationale Partei an der Regierung, hat auch er düstere Dekaden der Staatsbürokratie hinter sich, Alpträume von Ineffizienz, zentralistischer Fehlplanung, mangelnder Kreativität und Korruption: ESCOM unterschied sich, was den behördlichen Schlendrian anging, in keiner Weise von der reaktionären Enge anderer südafrikanischer Amtsstuben.

Doch wirtschaftliche Zwänge und ein Veruntreuungsskandal, bei dem es um Millionen ging, brachten den schwerfälligen Stromriesen Mitte der achtziger Jahre in Bewegung. Zusammen mit dem zuvor in einem Privatunternehmen tätigen Maree übernahm McRae die Führung. Innerhalb weniger Jahre schafften es die beiden, ESCOM, eine der zehn größten Elektrizitätsgesellschaften der Welt, auf neuen Kurs zu bringen. Ihre leistungsorientierte Unternehmenspolitik und eine für südafrikanische Verhältnisse extreme Liberalisierung der Personalpolitik sollen Zeichen setzen für die Zukunft der Kaprepublik.

Immerhin – das Unternehmen hat einiges Gewicht in die Waagschale zu werfen: ESCOM ist der größte Arbeitgeber des Landes und produziert sechzig Prozent der Energie, die auf dem afrikanischen Kontinent verbraucht wird. Mosambik, Lesotho, Swasiland und Botswana beziehen ihren Strom fast ausschließlich von diesem Unternehmen. Damit tragen sie zu einem Gesamtumsatz von über sieben Milliarden D-Mark bei und gewährleisten die Beschäftigung von zwanzigtausend weißen und vierzigtausend schwarzen Arbeitern in der Kaprepublik.

»Die Veränderungen in unserem Land sind nicht mehr aufzuhalten. Die Frage ist nur noch, ob man rechtzeitig an diesem Prozeß teilnimmt oder irgendwann von ihm überrollt wird.« Auch dieser Satz stammt von Ian McRae, der eine Art südafrikanische Tellerwäscher-Karriere hinter sich hat: In vier Jahrzehnten brachte er es vom Lehrling zum leitenden Hauptgeschäftsführer und Vorstandsvorsitzenden. Und seit er diesen Posten innehat, geht es ihm offensichtlich nicht nur um schlichte Teilnahme am Reformprozeß in Südafrika, sondern um eine Vorreiterrolle im Land.

Mangelnde Kommunikation, so Ian McRae, sei das entscheidende Problem Südafrikas. Weder würden die verschiedenen Bevölkerungsgruppen des Landes untereinander kommunizieren, noch habe die Republik bisher eine Ebene der internationalen Verständigung gefunden. »Und genau da setzen wir im Unternehmen an: Kommunikation. Bedürfnisse erkunden – von Mitarbeitern und Kunden.«

Die Belegschaft von ESCOM spricht neun verschiedene Sprachen. Wie die meisten Weißen beherrscht Ian McRae lediglich zwei davon: Englisch und Afrikaans. Die schwarzen Dialekte sind für ihn wie für die Mehrheit der weißen Bevölkerung immer noch Fremdsprachen. Und auch Schwarze aus einer Region Südafrikas verstehen Schwarze aus einer anderen Region noch lange nicht.

Der Chef läßt keinen Zweifel daran, wie ernsthaft er sein Ziel verfolgt. Diese Ernsthaftigkeit hat 1985, in der Anfangsphase, knapp fünftausend Arbeitsplätze gekostet und eine ganze Reihe von Köpfen aus den oberen Etagen ins Rollen gebracht. »Von Leuten, die den Prozeß bewußt blockieren oder sich mit der neuen Politik nicht identifizieren können, müssen wir uns trennen.«

Was es heißt, zu den sechzigtausend noch verbliebenen Mitarbeitern zu gehören, darüber wird niemand im unklaren gelassen. McRae ist ständig auf Tour, um für das schwerverkäufliche Produkt »Reform« zu werben. Allein während der letzten zwei Jahre hat er mit und vor über fünftausend Menschen im ganzen Land gesprochen – mal draußen in einem der entlegenen Kraftwerke, mal in den Verwaltungen, aber auch vor einer Abiturklasse oder einem Forum internationaler Geschäftsleute. McRae will den Beweis antreten, daß es Alternativen für Südafrika gibt: »ESCOM ist eine Art Mikrokosmos. Wenn unser Modell funktioniert und sich in fünf bis zehn Jahren auszahlt, dann könnte das eine Veränderung für ganz Südafrika bedeuten. Wenn wir es schaffen, dann werden politische und wirtschaftliche Entscheidungen in Zukunft neu überdacht werden müssen.«

McRae ist kein Mann der großen Worte und erst recht kein phrasendreschender Propagandist.

Zwölf Stunden eines ganz normalen Arbeitstages von Ian McRae. Punkt sieben sollte ich in seinem Büro in der ESCOM-Hauptverwaltung in Johannesburg erscheinen. Die Fahrt bis zu McRaes Amtssitz mit dem bildhaften Namen Megawatt-Park dauert zwar nur eine halbe Stunde, dieselbe Zeit fordern aber noch mal die zweihundert Meter zwischen Werkseinfahrt und Bürotür.

Zuerst ist das Auto an der Reihe. *Jedes* Auto wird kontrolliert (im Megawatt-Park arbeiten mehrere tausend Leute), Besucherwagen aber ganz besonders. Die penible Prozedur ist stets die gleiche: Während die Räder langsam über einen Metallrost und diverse Kameras rollen und überzüchtete deutsche Schäferhunde ihre Nase nicht nur in den Auspuff stecken, inspizieren die bis zum Hals bewaffneten Wachposten den Inhalt des Wagens. Wer bombenfrei und unverdächtig erscheint und »drinnen« einen Gesprächspartner vorzuweisen hat, der bekommt zur Belohnung ein rotes Holzklötzchen – wie unverseuchte Mastschweine einen Stempel.

Nun noch den Berg hinauf, und vor dem Besucher räkelt sich der gigantische ESCOM-Neubau in Gesellschaft einiger Monumentalplastiken und akribisch gestalteter Blumenbeete auf dem strategisch günstig gelegenen Hügel. Hier oben muß man das schöne rote Klötzchen, das man eben erst bekommen hat, schon wieder abgeben: Fenster runter, rein damit in eine spezielle Klötzchentonne – und der Schlagbaum hebt sich.

Die Innenabfertigung steht im ersten Durchgang den pingeligen Sicherheitspraktiken internationaler Flughäfen um nichts nach: Leibesvisitation, Handtaschenüberprüfung und der obligate Gang durch den fiependen, metallallergischen Torbogen der Sicherheitskontrolle. Schließlich noch das Plastikkärtchen mit Besuchernummer gegen Unterschrift entgegengenommen und vor die Brust geheftet, dann darf der entschärfte und sicherheitstaugliche Besucher im Schlepptau eines stummen Führers sein Fädchen durch das Labyrinth der Verwaltung spinnen.

McRaes Sekretärin Elsa strahlt mir inmitten der finsteren Mahagonivertäfelung entgegen: »Pünktlich auf die Minute! So schlimm sind die Sicherheitsvorkehrungen bei uns also doch wieder nicht.«

Ein Flugzeug wartet schon auf uns. McRae scheint wirklich ein bedeutender Mann zu sein: Er braucht kein

Klötzchen und nur zwei Minuten, bis sich die Tore seines Megawatt-Parks hinter uns schließen – zahm, scheinbar wie von selbst.

Sein schwarzer Fahrer chauffiert uns in der bei Chefs so beliebten deutschen Limousine zum Flughafen, während McRae philosophiert: »Ich glaube nicht an Ellenbogen. Offen und geradeheraus habe ich in der Vergangenheit erreichen können, was ich erreichen wollte.« Zumindest bei ESCOM hat er alles erreicht, was es zu erreichen gab. Aber ESCOM ist nun mal ein Staatsunternehmen. »Natürlich besteht eine Verbindung zur Regierung, aber wir gehören ihr nicht. Irgendwann haben wir uns eigene Ziele setzen müssen, ohne dem politischen Einfluß um uns herum zuviel Beachtung zu schenken.«

Die große Freiheit in Südafrika? McRae kommt erst richtig in Fahrt: »Es ist unglaublich, wieviel Freiheit man hat, wenn man sich erst mal ein konkretes Ziel gesetzt hat. Viele Leute haben die Zwänge im eigenen Kopf und bauen sich dementsprechend ihre Hindernisse selbst auf. Und hinterher erklären sie dann, das System ließe ihnen keinen Spielraum. Dabei wollen sie selbst nicht.«

Offenheit sei eine Führungsqualität, die Südafrika – und auch seiner Regierung – am meisten fehle. McRae nimmt kein Blatt vor den Mund: »Unser Land braucht Leute, die die Kunst der Kommunikation beherrschen, vor allem aber jemanden, der Richtungen vorgeben kann und den Weg ebnet in eine Zukunft, die allen Südafrikanern Platz bietet. Jemand, der erkennt, daß das Volk von den Politikern manipuliert wurde, daß sich aber die Politik an den Bedürfnissen des Volkes orientieren muß.«

Eine gute Stunde denkt er jetzt schon laut über sein Land nach. McRae ist ein großer Mann. Breitschultrig und schwer drückt er sich in den grauen Ledersitz des kleinen ESCOM-Jets. »Schnell wie eine Boeing!«, so hatte mich seine Sekretärin schon vor dem Start vertrauensvoll in die kleinen Vorzüge des großzügigen Managerdaseins eingeweiht. McRae rechtfertigt sich: »Unser Land ist riesig. Diese Woche habe ich schon ein paar tausend Kilometer hinter mir.«

Seine Augen verschwinden fast zwischen den vielen Lachfältchen und den buschigen grauen Augenbrauen. Sein Englisch ist druckreif. Was er sagt, wirkt kompromißlos, er selbst scheint dabei eher dünnhäutig, persönlich involviert.

Fast lautlos saust das Düsending mit uns übers Land. Eben waren wir noch über Johannesburg. Von hier oben könnte man glauben: eine Millionenstadt in den USA – Wolkenkratzer, endlose Highways, riesige Einkaufszentren, protzige Verwaltungsgebäude, Hotelpaläste und rund um die Stadt mit türkisfarbenen Swimmingpoolpünktchen übersäte Anhöhen, irgendwo dazwischen McRaes Megawatt-Park, in dem sich Südafrikas Zukunft zumindest auf dem Papier längst menschenfreundlich darstellt.

Es ist, als genösse die Goldstadt exterritorialen Status. Der Fremde spürt Kosmopolitisches, im Aufbruch Begriffenes. Hoffnungen leben auf. In den Schubladen der Hauptverwaltungen und Chefetagen Johannesburgs ist das Ende der Apartheid hundertfach durchgerechnet und analysiert. In den Denkfabriken stapeln sich die Lösungsvorschläge für eine gleichberechtigte, schwarzweiße Zukunft am Kap. Aber schon unmittelbar hinter den Wolkenkratzern und Swimmingpoolhügeln beginnt die Realität von heute, schlummert ein Südafrika, das von alldem noch nichts wissen will.

Kaum ist unsere Flughöhe erreicht, bieten sich dem Auge endlose Felder, Busch, zerklüftete Hügelketten, hie und da eine Farm. Das alles ist nur Makulatur über den eigentlichen, den unsichtbaren Kraft- und Machtreserven des Landes: Gold, Erz, Diamanten und Kohle.

Wir landen einige hundert Kilometer nordöstlich von

Johannesburg. Statistiker hätten ihre wahre Freude bei all den Superlativen, die sich hier oben in der trostlosen Einöde verbergen. Die gigantischen Kühltürme und Schornsteine, die sich in Abständen von einigen Dutzend Kilometern gen Himmel recken, zählen zu den höchsten der Welt. Sie gehören zu den südafrikanischen Hightech-Kraftwerken, die Tausende von Tonnen Kohle in der Stunde verbrennen und von denen jedes einzelne ein Land wie Simbabwe mit Strom versorgen könnte. Die Kraftwerke werden gespeist von einigen der größten Kohle-Tagebauen der Welt. Längst hat diese potente Industrie die karge Landwirtschaft verdrängt. Trotzdem scheint das hier draußen immer noch Niemandsland, scheint die Zeit stehengeblieben zu sein.

Wer lebt hier draußen? Wer trägt die Verantwortung für diese gigantische und komplizierte Maschinerie? Welche Qualifikationen haben diese Menschen? McRae zuckt resigniert mit den Schultern: »Realschulabschluß – aber nur, wenn Sie Glück haben. Ausgebildete Leute oder gar Fachleute mit abgeschlossenem Studium kriegen Sie kaum hier raus. Ich wollte einen vielversprechenden jungen Ingenieur in Kapstadt dazu bewegen, hier oben eine leitende Stellung zu übernehmen. Seine Antwort: ›Eher Tellerwäscher in Kapstadt als Betriebsleiter im Ost-Transvaal.‹ Das seien doch verstaubte, reaktionäre Proletarierghettos, meinte er. Selbst mit absoluten Topgehältern und erstklassigen Karriereaussichten können wir kaum gute Leute hierher locken.«

Wir lassen den Miniflughafen – zwei kahlgeschorene Streifen im Feld – hinter uns. Die Kraftwerkssiedlung strotzt vor Phantasielosigkeit. Lustlos und festen Wissens, daß sowieso niemand kommt, den sie in sich verliebt machen könnte, beschränkt sie sich auf ein paar schnurgerade Straßen und einige trübselige Ansammlungen von tristen gelben Reihenhäusern, über die zwei Kirchtürme mahnend emporragen. Auffällig viele Menschen schleppen Übergewicht mit sich herum, scheinen aber ansonsten bedürfnislos: Hamburger-Shops, Tankstellen, einige Lebensmittelgeschäfte und eine ganze Reihe von Videoläden scheinen alles zu bieten, was man braucht. Immer wieder rasen schnelle Autos, aufgemotzt mit Spoilern und Rallyestreifen, an uns vorbei. Die monströsen Boxen in den Rückfenstern und das vibrierende Dröhnen an den Ampeln sollen wohl beweisen, daß der Besitzer nicht nur mit der Kraft unter der Motorhaube großzügig umzugehen versteht.

McRae erläutert mir, daß die schnellen Autos mit dem lautstarken Innenleben vor allem die Funktion haben, die Heiratschancen ihrer Fahrer zu erhöhen. Auf eine Frau kommen hier draußen zwei bis drei Männer. Motorstärke, Rallyestreifen und Superboxen sind der einzige Luxus, den die ehewilligen Herren dem anderen Geschlecht zu bieten haben. Dabei geht's allerdings nur ums Prestige, nicht etwa um aufregende Spritztouren in die Zivilisation. Ein Trip nach Johannesburg ist ein außergewöhnliches Ereignis. Die meisten gönnen es sich allenfalls einmal im Jahr. Ganz zu schweigen von größeren Reisen: Eine Umfrage hat ergeben, daß nicht ein einziger der Kraftwerksmitarbeiter jemals die Landesgrenzen Südafrikas überschritten hat. Spannung, Lebenserfahrung und neue Eindrücke bezieht man hier draußen per Fernsehen oder Video.

Die Kantinenköchin hat für den Empfang aufgefahren: Käsehäppchen, Wurstschnittchen, gebratene Hühnerschenkel. Die Damen aus dem Büro haben zuckersüß gebacken und die Haare frisch toupiert. Männer mit Koteletten und beigebraunen Anzügen mit Schlag repräsentieren die Belegschaft. Frauen in gelb gepunkteten Polyacrylkleidern die Emanzipation am Arbeitsplatz. Der Kraftwerksleiter trägt zum erfolgsbewußten Lächeln eine dynamische Pilotenbrille. Er ist nicht von hier.

Ich muß mal. *For Whites only* steht über der Toilettentür. Ich starre das Schild an und zwinge so meine hilfsbereite Begleiterin zur Reaktion: »Ach ja, das sollte schon längst abgehängt werden. Kleinigkeiten, die vergißt man so leicht.«

McRae redet. McRae führt Gespräche. McRae hält Vorträge. Den ganzen Tag lang. Vor Sekretärinnen, Abteilungsleitern, Hilfsarbeitern, Männern, Frauen, Schwarzen, Weißen. »Wir haben eine gemischtrassige Mitarbeiterschaft. Ich will, daß von nun an jeder von Ihnen die gleichen Möglichkeiten hat. Ich will, daß die Türen des Erfolgs für alle offenstehen. Wir alle müssen die Lage erkennen: Südafrika hat nur dann eine Wachstumsphase vor sich, wenn Schwarz und Weiß zusammenarbeiten. Das gegenseitige Bekämpfen hat zur Stagnation geführt. ESCOM will das Wachstum, weil Wachstum alle Südafrikaner fordert und fördert.« McRae der Missionar.

Viele weiße Zuhörer ziehen den Kopf zwischen die Schultern und starren auf den Boden. McRae entgehen diese Regungen im Auditorium nicht: Unsicherheit, Zweifel, Ablehnung, Angst.

»Veränderung bringt immer Unsicherheit. Viele Weiße bei ESCOM verstehen diese Veränderung als Bedrohung. Aber wir sorgen für die Mitarbeiter, die jetzt ihren Arbeitsplatz in Gefahr sehen. Unser Weiterbildungsprogramm steht allen offen. Nur eins muß klar sein: Wer glaubt, das Anrecht auf Beschäftigung und Karriere an seiner Hautfarbe festmachen zu können, der irrt sich gewaltig. Der geschützte Arbeitsplatz gehört der Vergangenheit an. Bei uns geht es jetzt um Wachstum und damit um Stabilität und soziale Freiheit für alle.«

Große Worte. Vielleicht zu große Worte für viele kleine Leute.

Über fünfzig Prozent aller ESCOM-Mitarbeiter haben gerade Hauptschulabschluß. Die überwältigende Mehrheit der Schwarzen in Südafrika hat nicht einmal den.

Dennoch: Da ganz unten bei den schwarzen Arbeitern –
und ganz oben – findet McRae seine bedingungslosen
Gefolgsleute für die neue Politik. In den mittleren Schich-
ten bremsen und triezen die Berührungs- und Verlust-
ängste.

»Ich habe die weißen Arbeiter beobachtet, als McRae
mit ihnen sprach. Die Angst, ihren Job zu verlieren,
sorgte dafür, daß sie nicht widersprachen. Aber in dieser
Woche bekommt die AWB* in dieser Region wieder
einige Dutzend neue Mitglieder, und dann sind die
Rechtsaußen hier oben von der Achtzig-Prozent-Marke
nicht mehr weit entfernt«, versichert ein ESCOM-Mitarbeiter. Seiner Meinung nach sind es verschreckte weiße
Arbeiter, die bei den letzten Wahlen für den Rechtsruck
in Südafrika gesorgt haben. Und nicht nur seiner Meinung nach sind es diese weißen Arbeiter, die für den
friedlichen Wandel eine massive Bedrohung darstellen.

* AWB: Afrikaaner Weerstandsbeweging (Widerstandsbewegung), faschistoide
Vereinigung in Südafrika, die zunehmend an Einfluß gewinnt

Arme Weiße

*Beobachtungen in einem
weißen Arbeitslosenghetto*

Jaan ist arbeitslos. Mit zwei anderen Männern sitzt er auf dem Bordstein und starrt Löcher in die Luft. Sein offenes Gesicht macht mir Mut: Ob er mit mir über seine Situation und über das Leben hier in Clairmont reden möchte?

Aber natürlich will er mit mir reden – darüber, was P.W. Botha, das »Negerliebchen«, ihm und seinen Kumpels angetan habe: »Das sind die schrecklichsten Zeiten, die unser Land jemals erlebt hat. Jahrhundertelang haben wir dieses schwarze Nichts zivilisiert, haben unsere weißen Brüder die Wirtschaft aufgebaut, Wohlstand erkämpft. Und jetzt? Jetzt läßt unser Herr Staatspräsident sich von irgendwelchen mächtigen Ausländern in die Knie zwingen und uns Weiße auf der Straße sitzen.«

Clairmont ist eine der schlechtesten Adressen, die sich ein weißer Johannesburger überhaupt nur vorstellen kann. Aber wer in diesem Ghetto erst mal gelandet ist, der schert sich sowieso nicht mehr um das, was die anderen denken; der ist froh, wenn er abends satt ins Bett geht. Clairmont ist ein Sammelbecken für eine bisher in Südafrika völlig unbekannte Art von Industriemüll: arme, meist arbeitslose Weiße.

Vieles erinnert an die Neubauviertel in den schwarzen Townships. Braune Klinkerbunker in Reih und Glied rahmen die Straßen ein. Die Erde erstickt unter Beton.

37

Auf dem Beton wuchert der Müll wie ein eitriger Hautausschlag. Spielwiesen braucht man nicht: Der größte Teil der Kinder spielt nicht, ist längst drogenabhängig. Unter den vollgehängten Wäscheleinen auf den Balkonen quellen dicke Frauenleiber hervor, mit heruntergerutschten Kittelträgern und überall hervorlugender Unterwäsche. Ihre prallen Brüste hängen dutzendweise über den Geländern, und die Zigarettenkippen wackeln in ihren Mundwinkeln, während sie miteinander die Zeit totschwätzen. Vor den Hauseingängen lungern in kleinen Grüppchen Männer mit Zahnlücken und Netzhemden. Was sie heute schon alles geleistet haben, zeigen die Bierdosen, die sich um sie herum aufgetürmt haben.

Jaan scheint keine Scheu zu haben. Er lädt mich in seine Wohnung ein, um dort weiterzureden. Im Eingang hängt ein gerahmter Bibelspruch an der Wand: *Solange ihr mir folgt, werde ich euch nicht in die Dunkelheit bringen.* Wir lassen uns in der aufgeräumten Armut nieder. Jaan schiebt das Paradekissen beiseite und bittet mich, auf der grünen Polstergarnitur Platz zu nehmen. Er selbst nimmt sich einen Stuhl und entschuldigt sich, daß er mir nichts zu trinken anbieten könne.

Mein Besuch hat sich schon herumgesprochen. Hinter einer kräftigen Alkoholfahne kommt ein Nachbar hereingeplatzt: »Also, das muß ich Ihnen gleich mal sagen: Vor zehn Jahren wäre Ihnen in unserem Land nicht ein einziger Schwarzer nach zehn Uhr abends über den Weg gelaufen. Aber auch nicht einer. Vor zehn Jahren war noch klar: Ein Kaffer ist ein Kaffer und sonst gar nichts. Aber seitdem P.W. Botha die Regierung übernommen hat, macht Südafrika schwere Zeiten durch. Wenn unsere Kinder, so wie die von denen, ihre Schulen anstecken würden oder unsere Häuser, würden sie für uns nichts Neues bauen. Wir bekämen harte Strafen. Aber die Nichtweißen, die können doch machen, was sie wollen, mit unserem Land. Und kriegen auch noch Unterstützung aus der ganzen Welt. Wenn ich mit meinem Auto nach Soweto reinfahr', muß ich damit rechnen, daß sie mich erledigen. Wenn aber ein Nichtweißer hier herumläuft und wir es wagen sollten, ihm ein paar saftige Ausdrücke an den Kopf zu werfen, dann gnade uns Gott! Die Polizisten hier gehen uns Weißen, die sie eigentlich vor denen beschützen sollten, sofort an die Gurgel. Das ist unser Südafrika von heute!« Ach ja, und noch eines, damit ich auch wirklich Bescheid wüßte: »Die sollten alle dahin gehen, wo sie herkommen. Dann gäb' es auch wieder Arbeit für uns Südafrikaner.«

Jaan fällt seinem offenen und besoffenen Nachbarn ins Wort und erzählt von einem Regierungsprojekt für arbeitslose Weiße: »Du kriegst fünfzehn Mark am Tag und mußt dafür in den städtischen Parks Rasen mähen, Blumen gießen und all so was. Vor drei Jahren hab' ich mal acht Monate lang für diese lausigen Kröten gearbeitet. Jeden Nachmittag nach der Arbeit wirst du bezahlt und gehst einkaufen: Brot, Milch, ein Stück Fleisch – und schon ist dein Geld weg. Du kannst dir nicht mal ein paar Zigaretten kaufen oder ein paar Bonbons für die Kinder. Wir können nirgendwo hingehen und die Hand aufhalten so wie die Schwarzen.«

Jaans Nachbar muß aufstoßen. Den Seiber, der ihm die Backe runterläuft, putzt er mit dem Ärmel weg. Jaan klärt mich auf: »Er ist seit vier Jahren arbeitslos. Sie haben ihm seine fünf Kinder weggenommen und in ein Heim gesteckt. Alle, die so leben wie er – und das sind die meisten hier –, nehmen Tabletten, Alkohol und Drogen. In letzter Zeit haben Leute sogar versucht, Paraffin zu trinken oder zu spritzen.«

Sein Nachbar lallt dazwischen: »Ich habe meine Gründe, dieses Zeug zu nehmen. Sonst kann ich gleich dasselbe tun wie die Frau letzten Sonntag: Sie hat sich aufgehängt, im Badezimmer. Die konnte das alles hier nicht mehr ertragen. Wir haben doch keine Zukunft mehr in diesem Land. Und unsere Kinder erst recht nicht. Meine elfjährige Stieftochter, die bei meiner geschiedenen Frau lebt, nimmt auch schon Drogen. Und raten Sie mal, von wem sie das Zeug bekommt! Ihr in Europa habt doch keine Ahnung. Die Drogenhändler hier, die Leute, die unsere Kinder umbringen – das sind Schwarze.«

Jaan unterbricht ihn wieder: »Wenn die Leute erst mal hier landen, passiert fast immer das gleiche: Es dauert höchstens ein Jahr, und dann ist alles kaputt. Scheidung, Alkohol, Drogen. Unsere Nachbarn waren sechs Jahre verheiratet, dann wurde er arbeitslos, und sie mußten hierherziehen. Drei Monate später waren sie auseinander. Viele Frauen gehen dann auf den Strich, damit sie wenigstens ihre Kinder ernähren können.«

Jaan ist eine Ausnahme. Er hat nach vier Jahren Arbeitslosigkeit endlich einen Job gefunden. Von seinem Lohn kann er seinen Bruder und dessen Familie, bei denen er hier lebt, unterstützen. Er wohnt erst seit drei Monaten bei ihnen. »Früher hatte ich eine Wohnung im Stadtzentrum von Johannesburg. Aber da ist auch kein Platz mehr für uns. So wie die Regierung aufgehört hat, uns und unsere Arbeitsplätze zu schützen, so läßt sie auch schon stillschweigend zu, daß die Schwarzen sich in unseren Wohnvierteln breitmachen. Das ist wie eine Invasion: Wir sind nur vier Millionen, die sind fast dreißig Millionen. Ruck, zuck ist die ganze Stadt voll mit Kaffern, Kulis und *coloureds**. Die wohnen eben zu sechst in einem Zimmer und sind bereit, die dreifache Miete zu zahlen, wenn sie einer von diesen Ausbeutern illegal da wohnen läßt. Bei uns war ich zum Schluß der einzige Weiße. Sollte ich etwa das Klo benutzen, das die benutzen? Sie können sich gar nicht vorstellen, wie es da aussah. In den letzten fünf Jahren ist Johannesburgs Innen-

---

* Kaffern, Kulis und *coloureds:* Schwarze, Inder und Mischlinge

stadt zu einem großen schwarzen Schweinestall verkommen, und du mußt aufpassen, daß sie dich nicht nachts zu mehreren erwischen und grün und blau schlagen. Da ist es noch schlimmer als hier.«

Jaan will mir unbedingt die Wohnung zeigen. Will mir beweisen, daß dies hier kein großer schwarzer Schweinestall ist. Genau wie die Wohnblocks in den Townships gehören die Betonsilos in Clairmont dem Staat. Die Miete richtet sich nach dem Einkommen der Mieter. Jaan verdient umgerechnet fünfhundert Mark im Monat. Bis vierhundert Mark Lohn muß man achtzig Mark pro Monat zahlen, bis tausend Mark Monatslohn zwischen neunzig und hundertfünfzig Mark.

Im Wohnzimmer, wo wir uns unterhalten haben, sind die Wände genau wie der Boden nur verputzt. Auf dem Tisch liegt ein Samtdeckchen, auf dem eine Plastikvase mit Plastikblumen thront. In der winzigen Küche steht nichts als ein Zweiflammenkocher und ein Kühlschrank. Die Frau seines Bruders wäscht gerade die Wäsche in einer Blechwanne, die auf dem Boden steht. Jaan schläft in einer ebenso winzigen wie spärlich eingerichteten Kammer auf einer Matratze, die auf dem Boden liegt. Fast mit Ehrfurcht öffnet er die letzte Tür: Ein gewaltiges rotes Plüschbett füllt den Raum aus. »Das hat mein Bruder gekauft, als er noch einen Job bei einem der Kohlekraftwerke im Norden hatte. Da, wo sie jetzt die Schwarzen in einer Sänfte zur Arbeit tragen.«

Wir setzen uns wieder hin. Der Nachbar ist eingenickt. »Neunzig Prozent aller einfachen Arbeiter sind heute Schwarze, und wir bleiben auf der Strecke. Und selbst wenn wir einen Job haben und das gleiche verdienen wie sie, geht es uns dreckiger als ihnen. Denn unser Leben ist viel teurer. Sie bekommen Zuschüsse für alles und jedes. In Soweto können sie sich einmal am Tag warmes Essen von den Hilfsorganisationen holen. Und für ein paar Tausender bekommen sie schon ein Haus, während wir mindestens mit sechzigtausend rechnen müssen. Ist doch kein Wunder, wenn der Haß auf sie immer größer wird wegen dieser Ungerechtigkeiten!«

Der Nachbar ist wieder aufgewacht. »Ich sage es Ihnen noch mal: Vor zehn Jahren, da gab es so was noch nicht. Da hatten alle weißen Männer noch Arbeit und ordentliche Familien. Aber heute... Ihr Ausländer seid mit dran schuld. Ich habe in einem dieser vornehmen Hotels in der Stadt gearbeitet. Es gehörte den Amerikanern. Sie sollten mal sehen, wie sich die Schwarzen da aufführen. Zum Schluß hatte ich sogar einen schwarzen Boß. Und der hat versucht, mir zu zeigen, wo's langgeht. Das hab' ich mir nicht gefallen lassen. Das konnte ich nicht ertragen. Dann lieber arbeitslos.«

Was denn die Lösung für all ihre Probleme sein könnte? »Die Konservativen müssen an die Regierung, und die Schwarzen sollen alle dahin gehen, wo sie hingehören: in ihre Homelands. Statt dessen hörst du bei der Arbeit, wie sich hier ein Schwarzer schon wieder ein Stück Land gekauft hat und dort einer ein Haus. Und jetzt hab' ich sogar in der Zeitung gelesen, daß P.W. mit dem ANC verhandeln will. In unserer Regierung sitzen nur Schwächlinge, die sich nicht mehr richtig gegen die Schwarzen und das Ausland durchsetzen können. Da muß unser Südafrika ja bald ein zweites Rhodesien werden. Dann werden sich die ganzen reichen Herren als erste ins Ausland absetzen, und wir müssen hierbleiben und uns von den Schwarzen abmetzeln lassen.«

Das muß der Nachbar unbedingt noch mal kommentieren: »Aber wir werden kämpfen, wie wir das immer getan haben. Und wenn nur hundert Weiße übrig sein werden – wir lassen uns von den Schwarzen nicht vertreiben. Niemals!«

Die beiden sind sich einig: Unter ihresgleichen gibt es nur eine politische Bewegung, die Unterstützung findet – die rechtsradikale Afrikaaner Weerstandsbeweging.

»Wir wollen doch nur, was uns gehört«

Rechtsradikalismus am Kap

Die Revolution kommt mit gewaltigen Schritten auf uns zu. Nur: Jeder guckt in die falsche Richtung. Während alle Welt einen Angriff aus der linken Anti-Apartheids-Ecke aufs bestehende südafrikanische System erwartet, reißt unbehelligt ein bedrohlicher, erzkonservativer weißer Strudel immer mehr Macht mit sich nach rechts.«

Andrew Kenny arbeitet in einem der Kohlekraftwerke im Norden des Landes und analysiert seit einiger Zeit die politische Situation dieser selbst national wenig beachteten Region. »Wenn ich auf das Dach unseres Kühlturms klettere, sehe ich mindestens vier weitere Kraftwerke in unmittelbarer Nähe, und bis zum Horizont kann ich sie nicht mehr alle zählen. Das Gebiet hier oben, wo immerhin achtzig Prozent der südafrikanischen Elektrizität produziert werden, befindet sich mittlerweile unter der politischen Kontrolle der Afrikaaner Weerstandsbeweging und der Konservativen Partei. Und deren Einfluß wuchert unbemerkt in die anderen Industrieregionen des Landes.«

Jahrhundertelang war die weiße Vormachtstellung gesetzlich verankert und von der Regierung geschützt. Theoretisch ist sie das auch jetzt noch. Doch in dem Maße, in dem Südafrika nicht nur unter politischen, sondern auch unter wirtschaftlichen Druck gerät, setzen sich unabhängig von Hautfarben zunehmend die Gesetze des Wettbewerbs durch, gefährden soziale Reformen die weißen Schutzzonen vor allem in der Industrie.

Die von dieser Entwicklung betroffenen Weißen können – im Gegensatz zu den von den Wahlen ausgeschlossenen Schwarzen – politischen Druck ausüben und der Regierung durch ihr Votum Vertrauen oder Mißtrauen aussprechen. Schon bei den jüngsten Wahlen hat sich gezeigt, daß die Konservativen mit ihrer Parole »Zurück zur weißen Ordnung« bei der weißen Arbeiterklasse offene Türen einrennen. Die Regierung unter P.W. Botha gerät nun von allen Seiten in die Schußlinie: Was den Schwarzen und dem Ausland zuwenig ist, ist den verunsicherten weißen Massen zuviel.

Das weiße Südafrika ist politisch nicht mehr wie früher nach Sprachen, nach Buren und Briten, nach Stadt und Region unterteilt, sondern nach Klassen. Während Teile der weißen Mittelschicht und die intellektuelle Elite eine oppositionelle Haltung zur Apartheid einnehmen, will die weiße Unterschicht die Vorteile nicht aufgeben, die ihr das Apartheidssystem beschert.

Am deutlichsten kann man sich diese unterschiedliche Einstellung zur Apartheid vor Augen führen, wenn man eine politische Landkarte zeichnet: Der Einflußbereich der Konservativen verläuft entlang der Minen und der Kohleflöze und ballt sich zudem in den Zentren der Schwerindustrie – also überall da, wo es ein weißes Proletariat gibt. In den Agrarregionen ist der konservative Einfluß nicht mehr ganz so massiv, aber immer noch erheblich. Die Unterstützung für die linke parlamentarische Opposition, die Progressiv Federal Party (PFP), dagegen ist weitgehend beschränkt auf die von der reichen Mittelklasse bewohnten Vororte der großen Städte.

Innerhalb der Unternehmen ist es das gleiche: Die Chefetagen sind offen für neue Konzepte und alle Hautfarben, dafür hängen in den Fabrikhallen immer noch Schilder mit der Aufschrift *For Whites only* über den Toiletten. Die weißen Manager wählen die PFP, die weißen Arbeiter indes wählten bislang die regierende Nationale Partei (NP) und wählen nun die Konservative Partei (CP). Dabei geht es nicht einfach um moralische Wertungen, um unterschiedliche Grade des Rassismus: Die Führungskräfte in der Industrie und die weiße Mittelschicht wissen, daß das Ende der Apartheid zu ihrem Vorteil wäre; die weiße Arbeiterklasse dagegen sieht ihre bisherigen Privilegien schwinden und erhofft sich mehr von der Aufrechterhaltung der Rassenschranken.

Sowenig die Regierung sich von jeher um die Bedürfnisse der Schwarzen gekümmert hat, sowenig hat sie – obwohl einstiger Champion der weißen Underdogs – in der jüngsten Vergangenheit die Unruhe unter den weißen Arbeitern ausreichend beachtet und ihre Politik entsprechend auf sie ausgerichtet. Sowenig der verbotene ANC sich um die Unterstützung der Schwarzen bemühen mußte, sowenig müssen zur Zeit die Konservativen um Mitglieder buhlen.

Andrew Kenny hält dieses Phänomen für immer noch unterschätzt: »Bis jetzt hat die ›schwarze Bedrohung‹ das weiße Südafrika ohne Ansehen von Klasse oder gesellschaftlicher Stellung zu einer zähen Front vereint. Aber nun fühlen sich auf einmal ›schwächere‹ Weiße durch ›stärkere‹ Weiße bedroht. Und diese bis dato durch ihren einigermaßen stabilen Lebensstandard ruhig gehaltene weiße Unterschicht hat politische Macht. Sind diese Menschen erst mal ohne Job, sind sie weitaus gefährlicher als arbeitslose schwarze Südafrikaner. Sie suchen nach straffer Ordnung von außen und vor allem nach einem kompromißlosen, rigorosen ›Führer‹, der ihnen den Weg weist. Und solche rechtsradikalen Führerpersönlichkeiten finden sich heute zu Dutzenden in unserer Gesellschaft.«

Terre Blanche heißt weiße Erde. Eigentlich hieß er Terre-blanche. Aber schon vor einigen Jahren änderte er seinen Namen in Terre'Blanche, damit auch wirklich niemand mehr über des Wortes gewaltige Botschaft hinweglesen konnte.

Mijnheer Eugene Terre'Blanche – Apartheids-Extre-mist, burischer Ultra, Führer der wachsenden Afrikaaner Weerstandsbeweging (AWB) – erhebt seinen Arm vor den voluminösen Brustkasten und läßt ihn, in für Deutsche allzu bekannter Manier, mit eng beieinanderliegenden, ausgestreckten Fingern wie ein Klappmesser nach vorne schnellen. »Wir werden siegen. Wir werden uns nicht einlassen auf Liberalismus, auf einen Vielrassenstaat, auf Integration der Schwarzen und damit politischen Selbst-mord begehen. Dieses Land ist unser, so wie Amerika das Land der Amerikaner ist. Wir wollen die Menschen nicht unterdrücken, wir wollen aus den Menschen keine Skla-ven machen. Wir wollen nur unser Land – dieses Land. Wir wollen kein anderes Land; wir wollen nur, was uns gehört. Und wir werden es kriegen. Wir werden darum kämpfen, und wenn es nötig ist, werden wir dafür sterben.«

» . . . sterrr-bn!« Der Mann, der in seiner Freizeit Theaterstücke und Gedichte schreibt, spielt auf seinen Stimmbändern wie auf einer Kathedralenorgel. Er insze-niert jedes Wort, stößt oder zischt es, preßt oder schleu-dert es in die Massen, poliert jede Pause, nutzt sie, um genug Luft bis runter ans Zwerchfell zu tanken, und bringt die entscheidenden Botschaften zum Glühen, bis ihre Funken auf die ausgedörrte, lechzende Gefolgschaft überspringen, bis seine Leidenschaft sich wie Benzin über sie ergießt und alle schließlich brennen vor Stolz auf Volk und Vaterland und vor Haß auf alle Gegner, alle Anders-artigen, alle Andersfarbigen, alle Feinde des mutigen Burenvolkes, jede Bedrohung dieser Herrscherrasse.

Nicht nur rhetorisch-dramatisch erinnert Terre'Blanche an Hitler; jede seiner Darbietungen ist ein erinnerungsträchtiges Gesamtkunstwerk, von dem man auf den ersten Blick nicht weiß, ob es nur eine täuschend echte Nachbildung ist oder vielleicht doch ein Stück dunkle deutsche Vergangenheit, per Zeitmaschine in die südafrikanische Gegenwart katapultiert.

Wo Terre'Blanche auch in diesem Jahr wieder sein denkwürdiges Bad in der Menge nimmt, wo auch in diesem Jahr wieder der glorreichen burischen Nation gedacht wird, und vor allem, von welcher Gesinnung dieses Fest geprägt ist – das zeigen Dutzende von Fahnen schon von weitem an: Kaum vom Hakenkreuz zu unterscheiden, wehen zigfach die drei im Kreis angeordneten Siebenen, auf weißem Grund und rot umrandet, im trockenen Steppenwind von Südafrikas Norden.

150 Jahre ist es her: Am 16. Dezember 1838 rächten sich die Buren für den Tod ihres Führers Piet Retief, der samt einer Verhandlungsdelegation im Kraal des Zuluhäuptlings Dingaan ermordet worden war. In einer Wagenburg verschanzt, töteten burische Siedler dreitausend angreifende Zulus. An diesem Tag färbte sich der Ncomefluß so rot vom Blut der Schwarzen, daß er noch heute Blutfluß heißt.

Nun ist der 16. Dezember auf alle Zeiten Gott gewidmet: der *gelofte dag*, der höchste Feiertag im burischen Kalender. Während sich die offiziellen Feierlichkeiten der Regierung alljährlich im Schatten des monströsen *voortrekker*-Denkmals bei Pretoria abspielen, begeht der auf perfekte Inszenierungen bedachte Terre'Blanche mit seinen geschichtsbewußten Anhängern das *laager*-Fest direkt vor Ort am Blutfluß. Sie wollen mit den Regierungsfestlichkeiten nichts zu tun haben, denn wegen seiner Reformen gilt Präsident Botha bei ihnen als »Totengräber des weißen Mannes«.

Vor dem Hintergrund eines bizarren Bergpanoramas

umrahmen Wohnmobile, Wohnwagen, Kunststoffzelte und Kombibusse wie eine zeitgenössische Wagenburg das Spektakel. An den Rändern steigen überall Rauchwolken in die Luft; es riecht würzig nach Holzkohle und Grillwürstchen.

Auf dem weiten Feld in der Mitte laufen die Proben für Terre'Blanches Rahmenhandlung auf vollen Touren: Seine kleine, aber kraftvolle Privat-Miliz marschiert in Tarnuniformen und im Gleichschritt zwischen schwätzenden AWB-Müttern und kreischenden AWB-Gören. Kaum jemand – das gilt auch für Frauen und Kinder – verzichtet hier auf das gruppenspezifische Etikett, auf ein rotumrahmtes Siebener-Emblem auf dem Ärmel, auf eine Buschuniform in NATO-Oliv mit rotem Halstuch oder zumindest auf ein kleines Fähnchen, von denen schon im Morgengrauen ganze Kisten an die begierige Menge verramscht wurden. Während viele der drallen Frauen an Schlachtrösser erinnern, wirken die bärtigen Mannen mit Pistolenhalfter, rasiertem Schopf, Kolonialisten-Kniestrümpfen und knielangen Khaki-Shorts wie die Mitglieder einer Kriegsveteranen-Versammlung.

Terre'Blanche wünschte für diesen Auftritt Presse und Öffentlichkeit. Trotzdem beäugen seine Heerscharen die mit Fernsehkamera und Block bewaffneten Fremdlinge eher skeptisch und abweisend. Schließlich herrscht unbegreiflicherweise in der Welt immer noch so viel Unverständnis für ihre große Sache.

Aber bei plötzlichen heimischen Klängen kann einer der Annäherung dann doch nicht widerstehen: Unmittelbar nachdem ich mit einem Kollegen ein paar Sätze in Deutsch gewechselt habe, schmettert er mir ein zackiges »Grüß Gott!« entgegen. Tja, Ende der Vierziger habe er Deutschland lieber verlassen. Für ihn sei da kein Platz mehr gewesen, erzählt der graumelierte Hüne mit Rauschebart ohne Umschweife, aber in mittlerweile gebrochenem Deutsch. Er habe nun einen neuen Platz auf der

Welt gefunden, wo man ihn wieder versteht. »Wenn es drauf ankommt, werden wir Weißen zuerst schießen, darauf können Sie sich verlassen.«

Er stellt fest, daß wir außer der Muttersprache eine weitere Gemeinsamkeit haben: Wir sind beide auf der gleichen Versammlung der Konservativen Partei in Durban an der südafrikanischen Ostküste gewesen. Die Konservativen, so mein neuer Bekannter, seien zwar im Gegensatz zur AWB im Parlament, aber man solle sich nichts vormachen: Nur durch die massive Unterstützung der AWB im Hintergrund sei Treurnicht so weit gekommen.

Andries Treurnicht, der Vorsitzende der Konservativen Partei, wegen Bothas Reformkurs seit 1982 ein rechter Abtrünniger der regierenden Nationalen Partei, hat zwar längst nicht das Charisma von Terre'Blanche, aber ansonsten sind die Parallelen nicht zu verleugnen. Während seines Vortrags in einem kleinen Arbeitervorort namens Bluff ließ er seine Zuhörer ausnahmsweise mal in Englisch und nicht im gewohnten Afrikaans wissen, daß er nicht blufft, sondern es durchaus ernst meint: »Wir alle kennen die Gefahr der politischen Machtteilung. Wer Macht teilt, verliert Macht. Wer sehen will, wie man Macht verliert, der muß sich nur unsere Regierung anschauen. Eine hoffnungslose Regierung, die sich auf Machtteilung eingelassen hat und damit unsere Zukunft ruiniert – die Zukunft unserer weißen Nation. Und deshalb ist die Zeit reif für P.W. Bothas Abtritt. Und für uns ist die Zeit gekommen, allem den Kampf anzusagen, was unsere weiße Zukunft, unser weißes Volk und unser weißes Land gefährdet. Die Regierung läßt sich von der Welt in die Enge treiben, will den Schwarzen geben, was ihnen nicht gehört. Aber wir, die Konservativen, werden kämpfen für unser weißes Vaterland, wir werden kämpfen gegen jeden, der unsere Freiheit bedroht. Wir werden den wahren Nationalismus und den soliden Konservativismus in Südafrika wieder zum Leben erwecken.«

Der Ex-Nazi will mich unbedingt zwei Freunden vorstellen. Offensichtlich müssen wir hier draußen keine
Feinde des weißen Volkes fürchten, denn mein Lands-
mann verläßt mit mir die moderne Wagenburg. Seine
beiden Freunde sind draußen beim Pferdesatteln. Hier ist
man schnell mit Taten und unverbrämt mit Worten. Das
Tätscheln eines Pferdehalses bringt mir sofort ein Verhör
ein: Ob ich etwa eine anständige Frau sei, die reiten
könne? Da ich überrascht und nicht so reaktionsschnell
bin wie meine beiden Gegenüber, nicke ich. Ohne weitere Diskussion wird ein drittes Pferd gesattelt: Nur so
könne man ein Gefühl für »unser« Land kriegen. Und
unterwegs würden sie mir dann alles Wichtige erzählen.

Hier werden Pferde noch an der Kandare geritten, aber
dafür ist das Tempo frauenfreundlich. »Unter der göttli-
chen Vorsehung sind nicht nur verschiedene Völker
geschaffen worden, Gott hat ihnen auch verschiedene
Lebensräume zugewiesen. Ihr, die ihr gegen Apartheid
seid, müßt endlich begreifen, daß es Bevölkerungsgruppen gibt, die in verschiedenen Teilen der Welt leben, und
daß das auch Gottes Wille ist.«

Der andere will mir jetzt das Gefühl für »unser« Land
geben. Er schwenkt seinen Arm einmal im Halbkreis.
»1838 sind wir hier raufgekommen, und alles war leer.
Deshalb sind wir, die Buren, auch die rechtmäßigen
Eigentümer. Aber in dem Moment, in dem die Zivilisation kommt, kommen auch die Schwarzen. Sie sind
Blutsauger der Gesellschaft. An dem, was wir aufgebaut
haben, verdienen sie Geld. Ansonsten tun sie nur noch
das, was sie können: sich vermehren. Wir müssen sie
ausbürgern, sonst wird es spätestens in fünf Jahren ein
Blutbad geben.«

Der andere ergänzt: »Aber es geht nicht nur um die
Schwarzen. Afrikaaner ist jeder, der Afrikaans spricht,
also auch die Mischlinge, die Kapholländer und andere.
Wir aber sind die Buren, wir wollen nicht das Kap, denn

mit denen da unten haben wir gebrochen, als sie sich von den Briten dominieren ließen. Wir wollen, was uns, dem einzigen rechtmäßigen weißen Volk dieses Kontinents, was dem Burenvolk gehört: die ehemaligen Burenrepubliken – Transvaal, Orange Free State und Vryheid. Aber ein Teil dieses Landes ist uns von den Geldmächten, von den Briten und den Juden, gestohlen worden.«

Beim Thema Juden kommt der andere wieder in Fahrt. Wenn wir gleich wieder zurückkehrten, würde er mir ein interessantes Papier zum Thema Genetik geben. »Nur eins schon mal vorweg: Es gibt eine absolut zuverlässige Studie, die belegt, daß unsere Schwarzen einen Durchschnitts-IQ von 65 haben und die Weißen hier im Land einen von 103. Aber nicht nur da gibt es von der Natur gegebene Unterschiede. Ein Freund von mir hat bei den beiden ersten Herzverpflanzungen in Südafrika mitgearbeitet. Zufällig waren die beiden ersten Patienten Juden, während die Organspender zwar auch Weiße waren, aber keine Juden. Beide Männer haben die neuen Herzen nach wenigen Wochen abgestoßen. Und ob Sie es nun glauben oder nicht – der Herzspezialist hat mir versichert, daß an der folgenden Überlegung was dran sein könnte: Vielleicht hätten die beiden ja mit jüdischen Herzen überlebt – unter Umständen sogar mit schwarzen.«

Bevor wir wieder hoch zu Roß ins Lager zurückkommen, meinen beide, mir noch versichern zu müssen, daß sie Rassisten seien. Und der eine hat es trotz der umfassenden Ausführungen nicht versäumt, mir als Pausenfüller bis zum Auftritt des großen Führers noch das »interessante Papier« zu überreichen.

In fetten Lettern steht oben drüber: KOMMANDO – STIMME DER WEISSEN RASSE. Links drunter wieder ein hakenkreuzähnliches Symbol. Rechts außen eine Graphik mit der Inschrift: *Stop Terror – alle Schwarzen raus!* Dazwischen ein Foto von Professor Leon Schabort, dem Führer der Blanke Bevrydingsbeweging (BBB), der Wei-

51

ßen Befreiungsbewegung. Über dem Text steht unterstrichen die unbescheidene Wahrheit: *Ein bemerkenswertes Interview.*

Aus Propagandazwecken läßt sich der weiße Biochemiker, der einige Jahre lang einen Lehrstuhl an der konservativen Johannesburger Rand-Afrikaans-Universität innehatte, in seinem eigenen Organ interviewen. Auf die Frage, ob er ein Rassist sei: »Aber selbstverständlich. Ich bin ein positiver Rassist; mein Rassismus basiert auf der Liebe für mein Volk.« Ob er Schwarze hasse: »Haß ist ein absolut natürliches Gefühl. Aber die Schwarzen werden nicht grundsätzlich gehaßt, weil sie schwarz sind. Doch man darf nicht vergessen, daß historisch und wissenschaftlich bewiesen ist, daß Schwarze einen degenerativen und destruktiven Einfluß auf eine Kultur, eine Rasse oder eine Umgebung haben, die der ihren übergeordnet ist. Unsere Philosophie macht sich die Liebe für alle lebenden Kreaturen zum Grundsatz – und nicht den Haß. Und wir verstehen die Verantwortung der weißen Rasse darin, die kreative Kraft auf diesem Planeten innerhalb der Gesetzmäßigkeiten der Natur zu sein. Loyal dieser Verantwortung gegenüber, können wir natürlich eine Zerstörung der kulturellen und zivilisatorischen Ordnung unseres Planeten nicht dulden, egal ob es sich um einen Mikro-Organismus, ein Insekt, ein wildes Tier oder aber um Lebewesen wie die nicht-weiße Rasse handelt. Grundsätzlich dreht sich meine Philosophie um einen entscheidenden Punkt: das Überleben und die genetische Reinhaltung und Verbesserung der weißen Rasse. Die Geschichte und die Naturgesetze haben gezeigt: Die weiße Rasse ist die stärkste Rasse auf der Welt, ist diejenige, die sich durchgesetzt hat. Sie ist die Rasse, die die Herausforderungen der Zukunft bestehen kann. Deshalb müssen wir für ihre genetische Fortentwicklung sorgen. Die weiße Rasse muß sich vor allen Dingen soviel und so schnell und so rein wie möglich fortpflanzen, sie muß das

Feinste produzieren, um eine quantitative Überschwemmung der *mud race*, der Dreck-Rasse, zu verhindern. Die Dreck-Rassen sind die nicht-weißen Rassen, von denen historisch und wissenschaftlich bewiesen ist, daß sie minderwertig sind. Sie können den hervorragenden Standard der weißen Rasse nicht halten. Es ist wichtig zu verstehen, daß diese Minderwertigkeit nicht umgebungsbedingt ist, sondern genetisch fundiert, also unabänderbar . . .« Und so weiter und so fort.

Alles in der Geschichte, mag es auch noch so grausam, menschenverachtend und absurd sein, wiederholt sich. Dies zeigten mir meine Pausenlektüre und dieses Herrenmenschentreffen am Blutfluß.

Die Tribüne ist fertig geschmückt. Über dem Rednerpult thront ein flügelschwingender Adler auf der oberen der drei Hakenkreuz-Siebenen. Noch mehr AWB-Fahnen wehen im Wind. Tausende von Safari-Jacken, kurzgeschorenen Herrenmenschen, reinrassigen, gebärfreudigen Becken samt dem ihnen entsprungenen, ebenso reinrassigen Nachwuchs haben sich versammelt, um dem Führer zuzujubeln.

Unter den strammen Waden in Kolonialisten-Kniestrümpfen schlagen unzählige Hacken zusammen, als aus den vorderen Reihen die *stem*, die Nationalhymne der Buren, intoniert wird: *»Südafrika, du bist unser Leben. Wir sind bereit, für dich zu sterben«*, stimmen die fiebrigen Massen an, während Terre'Blanche seinen Einzug auf die Freilichtbühne hält.

Nachdem alle Strophen abgesungen sind, wirft der Held die gefalteten Hände über dem Kopf in die Luft. Seine Heerscharen grölen, über ihren Köpfen steigt ein überdimensionales Transparent – natürlich mit dem Siebener-Symbol geschmückt – in die Luft: TERUG NA ONS VOLK. TERUG NA ONS VADERLAND – Zurück zu unserem Volk, zurück zu unserem Vaterland. Marschmusik,

Volkslieder, Gebete. Dann erst läßt Terre'Blanche seine beschwörende Rhetorik auf das Volk niedersausen: »Kein Volk auf der Welt hat soviel Tränen vergossen, soviel gebetet und soviel gekämpft für sein Land wie die Buren. Die burische Erde, der burische Grund und Boden sind unser Eigentum, das wir uns von niemandem rauben lassen. Wir werden die Leute notfalls töten, die uns unseren Boden mit Gewalt wegnehmen wollen.«

Der Ex-Nazi neben mir: »Macht euch da zu Hause bloß nichts vor. Wie ihr seht, haben wir keine Angst vor der schwarzen Gefahr.«

Das verklemmte Volk

Psychogramm einer Nation

Jennifers Kindheit war natürlich blütenweiß. Jennifer hatte einen deutschen Opa, der schon mit Italienern keinen Umgang duldete – geschweige denn mit Schwarzen. Jennifers Oma versucht Opas Geist zu retten, indem sie allwöchentlich das Burentum in kleinen Zeitungskolumnen hochleben läßt. Jennifers Mutter ist vor einigen Monaten zum ersten Mal von einem Inder geküßt worden, und seitdem wartet sie vergeblich darauf, daß sie ein Schauer des Entsetzens überkommt. Jennifers Schwester macht ihrer Mutter Kummer, weil sie sich ihrem Verlobten ohne BH gezeigt hat. Jennifers Cousin leitet eine rechtsradikale Jugendgruppe im Nordtransvaal. Und Jennifer selbst ist ein Insider, der immer außen vor ist.

Jennifer Ferguson gehörte zu den wenigen Menschen am Kap, die mich aus meinem Voyeurdasein befreiten, die in mir ein Gefühl von Gleichklang der Seelen erweckten und zu denen ehrliche Nähe möglich war.

In dem Maße, in dem sich Jennifer fremd fühlte in ihrer Heimat, konnte ich mich ihr nahe fühlen. Sie litt nicht unter dem Bedürfnis – dieser weitverbreiteten weißen Volksseuche –, jeden Ausländer davon überzeugen zu müssen, daß ja eigentlich alles ganz anders sei, als er annehme, und daß nur ein Südafrikaner Südafrika richtig verstehen könne. Sie gehörte schon gar nicht zu denen, die schon so lange mit plüschiger Heimeligkeit, dem Plätschern türkisfarbener Swimmingpools und dem Duft von rosa schimmernden Bougainvilleablüten oder französischem Designerparfum gedopt sind, daß sie diesen Rauschzustand schließlich für die Realität halten. Genausowenig lief sie mit wehleidiger Oppositionellenmiene herum, ständig das Leid der armen Schwarzen und die Schuld ihres eigenen Volkes verkündend.

Jennifer ist einfach ein Mensch, der sich in dem Land, in dem die Wahrheit nur schwarz oder weiß sein darf, den Luxus erlaubt, sich von der Herde zu lösen, zu zweifeln und nach Zwischentönen zu suchen.

»Wenn dein Leben immer glatt wie ein Kinderpopo verläuft, warum sollst du es dann in Frage stellen?« Um eine Analyse des typischen weißen Südafrikaners gebeten, beschränkt sie sich auf diesen Satz und eine Ist-doch-logisch-Miene mit gekräuselter Stirn, Schmollmund und hochgezogenen Schultern. Ihr Leben hätte den normalen Weg aller weißen Dinge gehen können, wenn ihr Schuldirektor einst erfolgreicher gewesen wäre: »Jennifer, du bist ein Rohdiamant, aber wir werden dich schon noch schleifen.«

Jennifer ist der Rohdiamant geblieben. Mit 28 Jahren gehört sie zu den talentiertesten Sängerinnen, Musikerinnen, Komponistinnen, Schauspielerinnen und Schriftstellerinnen am Kap. Nur: Ihre Lieblingsrolle ist die Ulrike Meinhof in einem Stück von Dario Fo; am liebsten gesungen hat sie in einem Anti-Atom-Rockmusical; und ihre Lieder sezieren das politische System Südafrikas genauso schamlos wie die moralischen und sexuellen Verklemmtheiten der Buren.

»Südafrika ist einfach um fünfzig Jahre, in manchen Dingen sogar um fünfhundert Jahre zurück – dunkles Zeitalter, Hexenverbrennung, Hexenverfolgung.« Passend zum Thema wirft sie ihre gewaltige purpurne Lockenmähne selbstbewußt in den Nacken. »Na klar bin ich eine Hexe. Was soll ich denn sonst sein, wenn ich keine anständige Frau mit Ehemann, Bridge-Club und Wohltätigkeitsbasar bin?«

Wenn sie über sich selbst redet, kommt meist an irgendeiner Stelle der Schlenker von emotionaler Intelligenz, vom Gerechtigkeitssinn im Bauch und von ihrem Herzen, das für oder gegen etwas kämpft. Das, was sie dann über ihr Inneres preisgibt, spiegelt sich wider in ihren weichen Gesichtszügen, ihren zutraulichen braunen Augen und ihren üppigen, sinnlichen äußeren Formen, die ganz und gar nicht den aktuellen Mode-Maßen entsprechen und die sie fast immer in eine zerzauste Mischung von Second-hand-Samt und -Spitze oder in raschelnde Glitzerseide hüllt.

»Die meisten Männer haben Angst vor mir. Das ist die typisch südafrikanische Angst vor dem Unbekannten, Andersartigen. Der normale Südafrikaner fühlt sich sofort von mir eingeschüchtert, weil ich seinem Traum, wie eine Frau sein sollte, nicht entspreche. Der Traum, wie es sein sollte, dieser Traum, dem die Realität nie entsprechen kann, ist das Verhängnis der Südafrikaner. Auch sie selbst können dem Traum nicht entsprechen. Alle versuchen sie, so zu sein, wie sie sein sollen, und leben ihr ganzes Leben lang mit Schuldkomplexen. Niemand hier kommt auf die Idee, sich mal nach seinen eigenen Bedürfnissen zu fragen und sich seine eigenen Freiheiten zu erlauben. Und genau daher rührt auch das traurige Schicksal unseres Landes. Jedermann ist fremdbestimmt und glaubt deshalb, jedermann fremdbestimmen zu müssen.«

Jennifer setzt für mich die unzähligen Skandalberichte aus den Zeitungen in einen Zusammenhang. Gewalt gehört auch privat zum Alltag: Sechzig Prozent aller südafrikanischen Männer schlagen ihre Frauen. Südafrika hat mit die höchsten Scheidungsraten der Welt. Tagtäglich geht es auf den Titelseiten am Kap weniger um Apartheid als vielmehr um Familientragödien: *Vater brachte Familie*

um, weil Ehefrau fremdging – Gerede der Nachbarn über
Verhältnis zu jüngerem Mann trieb Frau in den Selbst-
mord – und so weiter. »Was meinst du, was für Abartig-
keiten in den Bordellen hier Hochkonjunktur haben, was
die bigotte Moral hier für seltsame Stilblüten hinter den
Kulissen treibt. Meine Schwester läuft ständig mit
Schuldkomplexen rum wegen ganz natürlicher Dinge, die
sie tut. Und meine Mutter regt sich entsetzlich auf, weil
sie meine Schwester dabei erwischt hat, als sie, nur mit T-
Shirt und Slip bekleidet, ihrem Verlobten die Tür aufge-
macht hat.«

Diese südafrikanische Angst vor der Andersartigkeit
bringe noch weitaus traurigere Schicksale hervor. Jennifer
erzählt mir die Geschichte ihrer Schulfreundin Almarie.
»Sie war nicht akzeptiert, und ich war nicht akzeptiert –
logisch, daß wir uns zusammentaten. Almarie war über-
intelligent und sehr introvertiert. Sie lebte völlig zurück-
gezogen und ließ lange Zeit auch nicht die geringste
Begeisterung fürs andere Geschlecht erkennen. Bis sie
Michel kennenlernte. Er hatte auf den ersten Blick
beschlossen, daß Almarie die Richtige für ihn sei. Und
Almarie wußte, daß es Zeit war, endlich einen Mann zu
haben. Michel war ein Jahr jünger als sie und hatte sich
gerade für die Offizierslaufbahn bei der Armee entschieden, als die beiden sich kennenlernten. So ein richtiger
Für-Volk-und-Vaterland-Bure. Almarie solle auf ihn
warten, bis er wiederkomme. Und so ging Almarie zur
Uni und studierte wie besessen Mathematik und Physik.
Michel konnte damit überhaupt nichts anfangen, und
immer wenn er am Wochenende nach Hause kam, hielt er
ihr Vorträge darüber, daß das nichts für eine Frau sei.
Zwangsläufig entfremdeten sich die beiden. Und irgendwann geschah dann das, was nicht geschehen durfte:
Almarie verliebte sich in eine Kommilitonin, zu der sie
sich schon seit einiger Zeit hingezogen fühlte. Als Michel
das herausfand, drehte er völlig durch. Er weihte seinen

Freund ein, und beide waren sich einig, daß es nur ein Mittel gab, Almarie auf den richtigen Weg zurückzuführen. Eines Abends ging der Freund zu Almarie und vergewaltigte sie. Nicht daß Almarie sofort weggelaufen wäre und die beiden angezeigt hätte. Nein, sie wollte um jeden Preis verhindern, daß die eine oder die andere Geschichte an die Öffentlichkeit geriet. Sie hielt die Beziehung zu Michel nach außen hin aufrecht, ließ sich aber von ihm nicht mehr anfassen und isolierte sich von allen anderen Menschen. Nach etwa einem Jahr drohte Michel ihr, alles an die Öffentlichkeit zu bringen, wenn sie ihm nicht wieder ›zur Verfügung stehen‹ würde. Daraufhin erklärte Almarie, lieber würde sie selbst reden, als daß sie jemals wieder mit ihm schlafen würde. Einige Tage später fand ein Freund Michel aufgehängt auf dem Dachboden seiner gemeinsamen Wohnung mit Almarie. Der Tote trug seinen Hochzeitsanzug. Neben ihm war ein zweiter Strick angebracht, und in dem Brief, den er hinterlassen hatte, forderte er Almarie auf, ihm zu folgen, damit die Schande endlich ein Ende fände. Almarie emigrierte kurze Zeit später ins Ausland.«

Natürlich begegnete auch Jennifer genügend Leuten, die ihr Leben auf den richtigen Weg bringen wollten. »Deutsche mögen es, wenn ihre Kinder singen und immer schön gehorsam sind«, hatte der deutschstämmige Großvater seinem kleinen rotgelockten Engel schon früh eingebleut, wenn der ihn im Kirchenchor bewunderte. Singen bedeutete für Jennifer aber schon bald das genaue Gegenteil von Gehorsam. Nachdem ihre Lehrer immer wieder versucht hatten, den widerspenstigen Rotschopf in die rechten Bahnen zu weisen, zog sie es bei jeder sich bietenden Gelegenheit vor, singend zu revoltieren: »*Do you know, where you are going to?*« – Wißt ihr überhaupt, wo es mit euch hingeht?

»Der größte Wandel in meinem Leben aber kam, als mein Vater starb. Ich war mit zehn Jahren die Älteste von uns dreien, als das Undenkbare passierte. Sowieso schon eine Einzelgängerin, war ich jetzt, vaterlos und mit dem Tod konfrontiert, erst recht anders als die anderen. Mein Held war gestorben, und damit wußte ich, wie leicht Helden sterben können. Nur weil ich süchtig nach Büchern war, fand ich den Schlüssel zu Welten außerhalb meines weißen Ghettos, zu Welten, die auch ohne Helden funktionierten. Instinktiv ging ich auf die Suche und fing an, für meine Träume zu kämpfen. Nicht etwa, weil ich theoretische Zweifel an unserem System gehabt hätte, sondern einfach deshalb, weil ich mich nicht mit allem abfinden wollte, was mir Unbehagen bereitete. Damit tat ich genau das, was ein normales südafrikanisches Mädchen nicht zu tun hat: Ich fing an zu hinterfragen, wagte mich damit vor ins Unbekannte.«

Jennifer überträgt ihre Kleinmädchen-Erfahrungen auf die aktuelle politische Situation: »Weil der Bure immer nur gelernt hat, nach dem Prinzip von Zucht und Ordnung, von Gehorsam und Befehl zu leben, haben heute die Rechtsradikalen solchen Erfolg. Sie erreichen die Emotionen und Ängste des Volkes, geben ihm die Führung, der es sich in diesen verwirrenden Zeiten unterwerfen kann und die ihm die Hoffnung gibt, den richtigen Weg wiederzufinden. Klar ist, daß solche Menschen keine natürlich funktionierende Moral, keine inneren Schmerzgrenzen und keine intellektuelle Distanz haben.«

Jennifers Mutter lehnte schwarze Bedienstete in ihrem Haus ab. »Meine Mutter wollte lieber alles selbst machen. Den Schwarzen könne man ja doch nicht trauen.« Damit wich Jennifers Kindheit in diesem Punkt entscheidend von der Norm ab. Da sie keinen Kontakt zu irgendwelchen Schwarzen hatte, konnte sie auch keine Vorurteile aus eigener Erfahrung gegen Schwarze aufbauen. Die meisten anderen Kinder wurden von Geburt an zu dominantem Verhalten gegenüber schwarzen Kindermädchen oder Putzfrauen erzogen.

»Aber nicht nur in dieser Hinsicht war ich anders. Meine Hexenhaare machten mich zum Fremdling. Ich war nur eine Halbburin, also ein Mischlingsgeschöpf, entstanden aus der unüblichen Beziehung zwischen einem Engländer und einer Burin. Für die burischen Spielkameraden war ich eine halbe Engländerin und deshalb nicht akzeptabel, gegenüber den englischen Kindern hingegen hab' ich meine burische Oma verteidigen müssen. Nirgendwo gehörte ich richtig dazu.«

Jennifer ist der festen Überzeugung, daß es noch heute in Südafrika die typische Realität einer Afrikaanerfrau oder die typische Realität eines Britenmannes gibt. »Bei den Buren gibt es einen ererbten Faschismus, einen Hang zur Führerfigur. Sie sind ein Volk, das seinen Lebenstraum immer bedroht sah und dessen Apartheidsvision bis heute weder funktioniert noch von der Welt akzeptiert wird. Sie sind ein Volk, das an Minderwertigkeitskomplexen leidet, weil seine Helden zerbröckeln. Die Engländer dagegen – das ist Geld und Macht. Doch sie haben keine Kirche, keinen Gott und auch keine eigene Volksmythologie. Deshalb gibt es bei ihnen nichts, was zusammenbrechen kann, aber es gibt auch nichts, was sie hier halten würde, wenn Südafrika eines Tages nicht mehr das Wirtschaftsparadies sein sollte, das es jahrzehntelang war.«

Jennifer mit einem schwarzen Baby auf dem Arm im Videoclip zu ihrem neuesten Hit. Auf ihrer letzten LP ein trauriges Liebeslied, das die Geschichte zwischen einer weißen Frau und einem schwarzen Mann erzählt. Hoffnungen auf Geborgenheit im schwarzen Südafrika? »Ich bin eine Frau – das ist die einzige Zugehörigkeit, die ich in diesem Land fühle. Das hat nichts mit Ideologie oder Emanzipation zu tun. Frausein ist einfach die einzige Akzeptanz, die mir hier geblieben ist. Ansonsten hänge ich überall dazwischen – auch bei den Schwarzen.«

Die weiße Frau in ihrem traurigen Liebeslied ist sie

selbst. »Ich hatte mich mal ganz fürchterlich in einen schwarzen Aktivisten verliebt, und er sich auch in mich. Er lebte mit Haut und Haaren für die schwarze Revolution. Für ihn gab es keine Kompromißlösung für Südafrikas Zukunft – nur die totale Revolution. Für ihn war das eine Art politisches Zölibat. Und so waren seine Gefühle für mich verboten. Ich war Teil des Systems, weil ich weiß war. Er hatte eine solche Zwanghaftigkeit in seiner Abgrenzung dem weißen System gegenüber, daß seine Liebe zu mir ihm jedesmal das Gefühl der Befleckheit gab, das Gefühl, daß er seine puritanisch-revolutionären Ansprüche verriete. Nicht nur, weil ich eine Weiße war, sondern auch, weil ich kein radikaler Aktivist in seinem doktrinären Sinn war. Unsere Geschichte ging an seinen Schuldkomplexen kaputt – so wie viele weiß-weiße Liebesgeschichten an ganz anderen Schuldkomplexen.«

Jennifers Mutter hat vor einiger Zeit eine neue Stelle in einer großen Supermarktkette mit recht fortschrittlichen Unternehmensprinzipien angetreten und damit unbewußt einen neuen Lebensabschnitt eingeleitet. Zum ersten Mal in ihrem Leben arbeitet sie unter einem Chef anderer Hautfarbe: einem hochgewachsenen, gutaussehenden Inder. »Aber er ist eben ein Inder. Und so wurde das ganz Normale auf einmal zu etwas Welterschütterndem. An ihrem Geburtstag kam sie abends nach der Arbeit nach Hause und erzählte mir: ›Herr Maadi hat mich zum Geburtstag auf die Wange geküßt.‹ Herr Maadi ist ihr charmanter indischer Boß, und ihr Gesichtsausdruck hatte längst verraten, was sie über diesen einschneidenden Vorfall dachte: ›Stell dir vor, Jennifer, es war überhaupt nicht schlimm, ganz im Gegenteil.‹ Seit diesem Erlebnis erzählt mir meine Mutter oft, daß sich etwas ändern müsse in diesem Land. Aber nicht mal meinem Stiefvater hat sie bis zum heutigen Tag etwas von ihrer revolutionären Entdeckung mit dem indischen Kuß erzählt.«

Offensichtlich funktioniert das Hexen trotz der roten

Mähne auch bei Jennifer nur sehr bedingt, manchmal erinnert sie mit all ihren Träumen und Hoffnungen eher an Don Quichotte. »Die Kinder im Township brauchen mich nicht, damit ich ihnen sage, wie schlecht es ihnen geht. Aber die Weißen brauchen Leute wie mich, die ihnen ein Stückchen Bewußtseinserweiterung anbieten, weil sie sonst auf Gedeih und Verderb dem SABC, unserem regierungsamtlich beschränkten Staatssender, ausgeliefert sind. Der SABC ist das Lügengewissen der Nation, die gefährlichste Waffe des Systems.«

Leute wie Jennifer finden im SABC nicht statt. Die Zensur macht sie nichtexistent. »Mir bleibt höchstens noch ein Forum wie das kleine, aufmüpfige Markettheater in Johannesburg, das die Regierung sich sozusagen als Spielwiese für ihre Hofnarren hält. Oder meine Musik. Aber meine Plattenfirma, die sich auf Regierungshofnarren wie mich spezialisiert hat, steht mittlerweile unter solchem Druck von eben dieser Regierung, daß niemand von uns weiß, wann sie ihre Türen schließen muß.«

Jennifers Telefon wird abgehört. Und wenn ihr Auditorium den Rahmen der regierungsamtlich erlaubten Spielwiese sprengt, kommt es immer mal wieder vor, daß die Polizei dem Spektakel mit Tränengaseinsatz ein gewaltsames Ende setzt.

»Manchmal spüre ich Träume von Zerstörung in mir. Aber ich weiß, daß Gewalt nicht der Weg ist. Trotzdem kann ich Menschen verstehen, die diesen Weg wählen, um dem Strudel der Ohnmacht zu entkommen, in den sie ein politisches System reißen kann. Deswegen war ich wohl auch so fasziniert von meiner Rolle als Ulrike Meinhof. Auf der Bühne konnte ich meine verborgenen Träume in dieser Rolle einmal ausleben. Doch da ist mir schon klargeworden, daß ich nicht diese intellektuell skrupellose Entscheidungsfähigkeit einer klassischen Terroristin habe; dazu liebe ich die Menschen zu sehr. Ich glaube, ich muß mich damit abfinden, eine Guerillera des

Wortes zu sein – oder aber das Land zu verlassen. Doch für die Emigration habe ich letztlich auch nicht die Kraft, dazu bin ich zu sehr Missionarin. Ich konnte und mußte zu lange die wachsende Perversion unseres zerfallenden Volkes, dessen Vision langsam zugrunde geht, studieren. Ich habe das Verlangen, die Menschen in dieser systematisch antrainierten Ignoranz doch noch zu erreichen und ihnen irgendwie mitzuteilen, was ich schon weiß und was ich noch lernen werde über dieses Land. Letztendlich bin ich eben Südafrikanerin.«

Eine Südafrikanerin, die sich den südafrikanischen Traum zerstört hat und trotzdem immer weiter träumt – immer auf der Suche ist nach neuen Träumen.

Jennifers Wohnung ist ein einziges Chaos. In jeder Ecke steht was, in jeder Ecke hängt was, das dem Besucher vermittelt: Hier wohnt Jennifer und niemand sonst. Vor allem aber stapeln sich überall Bücher, Bücher und noch mal Bücher. »In meinen Büchern fühle ich mich zu Hause, mit ihnen kann ich entfliehen, wenn ich es in meinem südafrikanischen Ghetto, das mich daran hindert, mich zu Hause zu fühlen, nicht mehr aushalte. Schau dich doch um, ich habe hier nicht mal Pflanzen, für die ich sorgen müßte und an denen ich hängen würde. Pflanzen sind der kleinstmögliche Beweis für ein Zuhause. Sie leben und wachsen mit den Menschen. Mein Leben aber ist Isolation. Die einzige Würde in diesem Leben ist meine Musik, über sie kann ich meine Gefühle ausdrücken. Meine Freunde sind die Leute, die mir und meiner Musik zuhören.«

Ich habe ihr unzählige Male während ihrer ausverkauften Konzerte und unserer abgeschiedenen Gespräche zugehört.

Die Schere im Kopf

Kunst und Kabarett im Ausnahmezustand

D as wackelige Fundament Südafrikas ist die Angst.
Die meisten Leute hier haben Angst, eine eigene
Meinung zu haben.«

Pieter-Dirk Uys, der vierzigjährige weiße Kabarettist,
ist mindestens so gnadenlos in seiner Kritik am eigenen
Staat wie die Hüschs und Hildebrandts hierzulande. Und
mindestens so populär wie sie ist er auch. Selbst die
Staatstheater sind voll, wenn er sich mit bitterböser Satire
über P. W. Botha und seine Gefolgsleute hermacht.

»Als ich vor fünfzehn Jahren anfing, da hatte ich Angst
vor Polizisten und Rechtsradikalen. Da oben auf der
Bühne zu stehen und die Wahrheit zu sagen, das hat ganz
schön nervös gemacht.« Vor allem seine frühen Theaterstücke sind immer wieder vom Zensurausschuß
»gebannt«, sprich verboten worden – wegen Kleinigkeiten, etwa unerlaubter Kraftausdrücke. Aber das Multita-
lent Uys hat auch in dieser Hinsicht seine Lektion schnell
gelernt: »Irgendwann kannte ich ihre Gesetze besser als
sie selbst. Ich fing an, ihnen Fallen zu stellen in meinen
Texten. Ich erfand Worte, die nur schlimm oder unge-
setzlich klangen, aber juristisch einwandfrei waren.
Natürlich wurde meine Show wieder gebannt. Aber diesmal ging ich eben gegen sie vor Gericht. Ich gewann, und
sie machten sich lächerlich, weil sie auf meine simplen
Wortspielereien hereingefallen waren. Die Leute amüsier-

ten sich königlich, und ich bekam eine Menge Publicity. In dieser Phase habe ich dann auch begriffen, daß meine Schere im Kopf an entscheidenden Stellen immer viel zu früh angesetzt hatte. Warum? Weil ich Angst gehabt hatte. Und Angst führt zur Selbstzensur.«

Als ich zum ersten Mal in einer seiner Shows saß, konnte ich es kaum glauben: Uys als Sicherheitspolizist, der sich in Ekstase bringt, indem er eine lebensgroße Stoffpuppe foltert: »Jetzt kann ich dir Nigger mal den letzten Dreck aus dem Leib treten. Das wird dir guttun! « Im Geiste sah ich schon die echten Sicherheitspolizisten aus dem Publikum aufspringen, um der Staatshetze da oben ein Ende zu bereiten. Aber es passierte nichts.

»Ich tue wirklich genau das, was ich will. Immer wieder kommen die Leute und sagen: ›Aber das können Sie doch nicht machen! Es ist nicht erlaubt, so was öffentlich zu sagen!‹

›Ich frage dann: ›Warum?‹

Sie sagen: ›Wegen . . .‹

Ich frage: ›Weswegen? Welches Gesetz verbietet es mir, das zu sagen?‹

Sie meinen: ›Sie müssen aber doch vorher eine Erlaubnis bei der Sicherheitspolizei einholen, oder?‹

Ich sage: ›Nein, wofür? Ist das hier nicht ein freies Land . . .?‹

Mal im Ernst: Wenn man begreift, daß es sehr wichtig ist, sich immer genau an die Wahrheit zu halten – und die ist in diesem Land schlimm genug –, dann hat man sehr wohl die Möglichkeit, den Kampf mit dem System aufzunehmen.«

In Sketchen, Bühnenshows, Theaterstücken – Uys verarbeitet ausschließlich *ein* Thema: die Apartheid. Sein besonderes Talent: Er schlüpft in die Rollen von Dutzenden prominenter Südafrikaner – ob schwarz oder weiß, ob Mann oder Frau, spielt dabei keine Rolle.

Uys als Staatspräsident Botha: Mit Matrosenanzug –

mindestens zwei Nummern zu klein, die Hosen gerade bis über die Knie – steht er auf der sinkenden »Titanic« und singt Frank Sinatras *I did it my way* . . .

Uys als Joan Collins alias Winni Mandela. Winni Mandela darf in Südafrika nicht zitiert werden. Aber jeder im Publikum weiß, daß mit dem Denver-Biest niemand anderes als die wegen ihrer Staralüren immer häufiger kritisierte Frau von Nelson Mandela gemeint ist.

Uys als schwarzes Hausmädchen, das versucht, seiner weißen *madam* nach zehnjährigem Dienst in ihrem Haus zu erklären, wie es mit Nachnamen heißt.

Uys als feister neureicher Bure. Oder als englische Lady, die beim Bridgespielen über Südafrikas sonnige Zukunft und ihre neue Villa philosophiert.

Uys bringt einen nur zum Lachen, damit einem dieses Lachen im nächsten Moment im Halse steckenbleibt. Er hält seinem Publikum den Spiegel vor, ohne auch nur einmal den Zeigefinger zu erheben.

»Gott sei Dank, daß es Theater gibt. Theater ist Optimismus und Freiheit. Da kann man einfach einen Hut aufsetzen, den Unterkiefer runterfallen lassen, die Schultern hochziehen – und schon ist man P. W. Botha, der mächtige Staatspräsident, über den sich das Publikum halbtot lacht.«

Seine Angriffe richten sich gegen die verantwortlichen Politiker genauso wie gegen die müde Masse derer, die hinterhertrotten und Leuten wie mir bei jeder Gelegenheit erzählen, daß es gar nicht so schlimm sei in diesem Land und daß viele grausame Szenen aus den Townships doch sowieso nur für die Kamera gestellt seien.

Man könnte annehmen, die Auftritte des Künstlers würden ausschließlich von denen besucht, die unter dem System zu leiden haben. Aber das ist keineswegs so. Zum einen ist Uys' jeweiliges Auditorium stark geprägt durch die Stadt, in der er spielt: In der vergleichsweise freidenkenden Wirtschaftsmetropole Johannesburg ist sein

Publikum manchmal zu fünfzig Prozent schwarz, in der erzkonservativen, nur vierzig Kilometer entfernten Hauptstadt Pretoria findet man vielleicht einen Schwarzen unter tausend Zuschauern. Zum anderen spricht Uys ganz bewußt eher die Herrschenden als die Beherrschten an: »Ich bin kein Schwarzer. Ich gebe auch nicht vor, die Schwarzen zu verstehen. Ich kann sie gar nicht verstehen, denn ich bin ja selbst ein Produkt dieses Systems, dieses Apartheidsregimes. Ich muß das zu meinem Stoff machen, was ich wirklich kenne. Und Apartheid kenne ich in- und auswendig. Ich weiß, welche Schäden sie mir zugefügt hat und wie mühselig es war, mich aus ihren Fesseln zu befreien. Alles, was ein aufgeklärter, freidenkender Mensch wissen sollte, muß man sich in diesem Land selbst beibringen. Und in dem Maße, in dem diese humanitäre Bildung wächst, entwurzelt man sich selbst. Als Christ mußte ich gegen die Kirche kämpfen, in der ich groß geworden bin, und mußte begreifen, daß unsere Kirche gar nicht christlich ist. Das ist die schrecklichste Erkenntnis für einen Menschen, wenn er alles über Bord werfen muß. Aber es muß sein, und deshalb richte ich meine Stücke auch an die Leute, die die Macht haben, Südafrika zu ändern, die Leute, die die Gesetze machen, die schon die Kinder unseres Landes nicht zusammen in die Schule gehen oder miteinander spielen lassen. Ich finde es deshalb auch wichtiger, in Pretoria in der Staatsoper zu spielen als in Soweto, weil ich mit meinen Waffen in Pretoria die richtigen Leute treffe.«

Uys hält den Stift für eine bessere Waffe als das Gewehr: »Gewalt ist etwas, wovor ich Angst habe, weil Gewalt in der Geschichte meist neue Gewalt provoziert hat. Ein Kreislauf ohne Ende. Aber trotzdem kann ich die schwarze Opposition in diesem Land verstehen, wenn sie die Gewalt wählt. Ein schwarzer Südafrikaner kann mit dem Stift nichts ausrichten. Er hat nicht die Möglichkeit, daß, wie in meinem Fall, zehn Millionen Leute seine

Videos, seine Theaterstücke, seine Sketche sehen. Wer weiß, wenn ich schwarz wäre, würde ich wahrscheinlich auch ohnmächtig zum Gewehr greifen.«

Für Uys, der schon mehrmals in Europa auf Tour war, gibt es neben der Apartheid nur noch ein Thema, das ihn nicht in Ruhe läßt: ausländische Besserwisser. Für ihn sind die eifernden Lippenbekenntnisse internationaler Politiker und die Platitüden einiger ausländischer Journalisten genauso verhängnisvoll wie der Kulturboykott: »Diejenigen in diesem Land, die eine Veränderung befürworten, brauchen Kommunikation und keine Isolation. Apartheid ist einfach jämmerlich, schmutzig und verächtlich, für Apartheid gibt es keine Verteidigung oder Entschuldigung! Das einzige, was wichtig ist: Wir müssen sie loswerden – und dazu brauchen wir alle Hilfe dieser Welt. Was macht die Welt statt dessen? Genauso wie die Mächtigen in diesem Land verdient sie Geld an unserem System. Wenn die Mächtigen der Welt unser Problem wirklich lösen wollten, wäre es längst gelöst. Aber statt dessen spielt man üble Spielchen mit Südafrika und macht Apartheid zum Medienspektakel, zum Showeffekt für die Abendnachrichten. Nicht nur in diesem Land sind die Verantwortlichen zu suchen, wenn die Situation irgendwann einmal eskaliert.«

Reform ist,
wenn Weiße verfolgt werden

Wie eine »gute« Familie
in die Mühlen der Apartheid gerät

Kalt und sternenklar – eine typisch südafrikanische Winternacht. Aber die Tageszeit spielt in diesen Gegenden Johannesburgs kaum eine Rolle: Ob Tag oder Nacht – die von Villen gesäumten Alleen sind fast immer wie ausgestorben. Die Menschen, die in dieser privilegierten Gegend wohnen, ihr Wohlstand und ihre Angst verstecken sich hinter Mauern, Gittern und Wachhunden. Über allem schwebt vornehme Stille, die nur ab und zu durch das schrille, unerzogen proletenhafte Geheul einer Alarmanlage unterbrochen wird.

Einer der Prachtbauten fällt aus dem Rahmen. Während die anderen sich auf unauffällig-einheitliches Prächtigsein mit Messinglampen und Butzenscheiben beschränken, scheut der hier wohnende Sonderling sich nicht, seinen Hang zum Künstlerisch-Avantgardistischen zur Schau zu stellen: Hier durfte der Architekt zwischen unendlich vielen weißen Winkeln und Ecken, Kanten und Schrägen wüten und seine futuristischen Träume in kühlem Beton verewigen. Die Quertreiberei gipfelt in dem völligen Verzicht auf Mauern, Zäune oder Gitter, die das Haus und seine Bewohner, Max und Audrey Colman, schützend umhüllen könnten.

So können die Polizeiwagen in dieser Nacht, in der sich so viel für die Colmans ändert, auch direkt bis vor die Haustür fahren. Alles geht ganz schnell: Klingeln ohne

Unterbrechung und ein paar Mal an die Tür hämmern, bis der Hausherr persönlich öffnet.

»Ist Ihr Sohn Keith da?«

»Nein, er wohnt nicht mehr zu Hause. Und außerdem ist es fünf Uhr morgens. Darf ich fragen, was Sie von ihm wollen?«

»Nur ein paar Fragen.«

»Warum versuchen Sie es nicht in seiner Wohnung?«

»Da waren wir schon, aber er ist nicht da. Rufen Sie uns an, sobald Sie wissen, wo er ist.«

»Wir zogen uns an, so schnell es ging, und rasten in die Wohnung unseres Sohnes«, erzählt Audrey Colman später. »Als wir ankamen, hatte ein gutes Dutzend Polizisten schon alles auf den Kopf gestellt, und gerade waren sie dabei, Clive abzuführen, seinen Freund, mit dem er die Wohnung teilte. Sie zerrten ihn in einen Polizeikombi, und wir durften nicht mal ein Wort mit ihm wechseln. Es war schrecklich.«

Am nächsten Tag sollte es noch schrecklicher werden. Als Keith endlich nach Hause kam, erklärten ihm seine Eltern sofort, daß die Polizei nach ihm suche. »Wir werden dir helfen, das Land zu verlassen.«

»Auf keinen Fall. Ich habe nichts Falsches getan, und ich habe kein Gesetz gebrochen. Südafrika ist meine Heimat. Warum sollte ich dieses Land also verlassen?«

»Aber was willst du denn tun?«

»Ich werde ganz einfach den Hörer nehmen und die Sicherheitspolizei anrufen.«

Keith solle sofort im Hauptquartier der Sicherheitspolizei am John Forster Square erscheinen. Dort würde man ihm alles weitere erklären. Sein Bruder und sein Vater begleiten ihn.

»Wegen Gefährdung der inneren Sicherheit müssen wir dich bis auf weiteres festnehmen.«

»Das war's. Auf einmal saß unser Sohn im Gefängnis, und mein Mann und ich konnten nichts dagegen tun.

Naiv, wie wir damals noch waren, erbaten wir einen Termin bei einem hochrangigen Sicherheitspolizisten, in der Hoffnung, alles würde sich aufklären und als Irrtum herausstellen. ›Sie haben ja keine Ahnung. Ihr Sohn wird Angeklagter in einem Hochverratsprozeß sein.‹ Und raus waren wir wieder aus seinem Zimmer.«

Bis zu diesem Tag waren die Colmans Teil des wohlhabenden weißen Südafrika gewesen. Daß sich ihr Status abrupt wandelte, lag daran, daß ihr 21jähriger Sohn Keith einige systemkritische Artikel in einem Studentenmagazin veröffentlicht hatte, das zu dieser Zeit mehr und mehr an Popularität auch in den schwarzen Townships gewann. »Sicher, mein Mann und ich wußten, daß Keith unbequeme Ansichten vertrat und mit diesen auch nicht hinter dem Berg hielt. Aber er und sein Freund Clive hatten doch nur die Wahrheit geschrieben. Nie hätten wir uns träumen lassen, daß man sie deswegen ins Gefängnis stecken würde.«

Keith wurde fünf Monate ohne Prozeß in Einzelhaft festgehalten. Eine Zeit, in der die Colmans begreifen lernten, wie die Lage im Land wirklich war. »Können Sie sich vorstellen, wie es ist, wenn Ihr Freund oder Ihr Bruder plötzlich im Gefängnis sitzt, ohne daß Ihnen klar ist, warum? Das kann man sich nicht vorstellen, solange man es selbst nicht erlebt hat. Unsere ganze Familie hat nie, wie die meisten anderen Weißen in unserem Land, völlig hinter dem Mond gelebt, was die politische Situation angeht. Aber auf einmal tritt einem der Schreck ganz nahe, gehört man selbst zu den Verfolgten. Mit einem Mal wird alles anders. Ich hatte Angst wie noch nie in meinem Leben. Wir bekamen keine Informationen, mußten uns statt dessen immer wieder irgendwelche Demütigungen von Sicherheitspolizisten gefallen lassen. Zu keiner Zeit wurde ein Gerichtstermin bekanntgegeben. Nichts. Aber am schlimmsten wurde es, als ein Freund von Keith, den sie aus ähnlich ominösen Gründen festgenommen hatten, auf einmal wieder freigelassen wurde. Seine Eltern bekamen nach nur einigen Monaten Gefängnis ein völlig anderes Kind wieder. Der Junge war auf die übelste Weise gefoltert und zugerichtet worden. Mit einem Mal wurde uns klar, daß die sogenannten Reformen auch uns, die satte weiße Bourgeoisie, treffen konnten: daß auch wir Angst haben mußten, dem System zum Opfer zu fallen.«

Keith hatte Glück. Nach fünf Monaten klingelte bei seinen Eltern das Telefon: »Papa, wenn du gerade nichts Besseres vorhast, dann könntest du mich vielleicht abholen.«

So wie Keith ohne gerichtliche Anklage, lediglich auf Anweisung des Ministers für Recht und Ordnung, festgenommen worden war, so war er jetzt ohne Prozeß vor einem ordentlichen Gericht auch wieder freigelassen worden.

Allerdings hatte der Minister, ebenfalls ohne Anhörung der Gerichte, eine zweijährige Bannverfügung über ihn verhängt. Solch ein Bann ist eine administrative Maßnahme des Ministers, die vor keinem ordentlichen Gericht angefochten werden kann und die er dem Betroffenen gegenüber nicht begründen muß. Dieser Bann bedeutete für Keith: keine politische Stellungnahme, ob mündlich oder schriftlich – also keine Veröffentlichungen, keine journalistische Arbeit mehr; kein Kontakt zu anderen Gebannten; keine Teilnahme an politischen Veranstaltungen oder anderen öffentlichen Versammlungen, wobei bereits das Zusammentreffen von drei Menschen zu einem gemeinsamen Zweck als Versammlung gilt; und schließlich durfte er das ihm zugewiesene Gebiet nicht verlassen. Damit war der von keinem Gericht verurteilte Keith von der Regierung praktisch mundtot gemacht worden.

»Die wichtigste Frage, die ich mir seitdem stelle und die sich meiner Meinung nach auch viele Menschen in Europa stellen sollten, ist: Was bedeuten Gefängnis und Freiheitsentzug in unserem Land? Für Sie in Europa ist Freiheitsentzug ein legales Werkzeug des Gesetzgebers. Zum einen sollen Menschen, die massiv gegen die Gesetze verstoßen haben, bestraft werden, zum anderen soll die Gesellschaft vor weiteren Vergehen dieser Gesetzesbrecher geschützt werden. Aber hier in Südafrika hat das Gefängnis mittlerweile eine ganz andere Funktion zu erfüllen: Es geht um nichts anderes als darum, Leute aus der politischen Opposition in die Isolation zu bringen, um eine Art politischer Beerdigung dieser Leute. Wenn unsere Regierung im ganzen Land spezielle Lager eingerichtet und die ganze Opposition in diese Lager verfrachtet hätte, dann würde man in Europa wirklich aufmerksam auf das, was hier eigentlich läuft. Aber da diese Leute in ganz normale Gefängnisse gebracht werden, scheint das Ganze für Außenstehende völlig legal. Die Regierung kann behaupten, es wären Kriminelle, die da hinter Gittern sitzen. Aber das ist eine Lüge. Was in Südafrika wirklich passiert, kann man nur verstehen, wenn man sich klarmacht: Es geht der Regierung darum, Leute zu isolieren, die aufgrund ihrer politischen Aktivitäten für Unruhe sorgen könnten, sie aus ihrer Umgebung, von ihren Aktivitäten und ihren Führungspositionen zu entfernen. Fast alle, die zur Zeit im Gefängnis sitzen, waren vorher Teil der demokratischen Opposition. Alle gegenteiligen Behauptungen sind unwahr, denn eine Regierung, die den Beweis dafür hätte, daß Menschen ein Gesetz gebrochen haben, würde diese Menschen vor Gericht stellen, weil so volle Gefängnisse wie in diesem Land ja immer schlecht fürs Image sind. Hier sind die Zellen aber voll mit Leuten, die schon Wochen oder Monate oder auch Jahre ohne Prozeß einsitzen. Und von den wenigen, die dann überhaupt vor Gericht gestellt

gestellt werden, sind – und da bin ich großzügig in der Schätzung – nur maximal zwanzig Prozent eines Verbrechens schuldig gesprochen worden.«

Audrey Colman hat das Recht mittlerweile sehr genau studiert: »Hier in Südafrika haben wir ein sehr sinnvolles Gesetz, das besagt, Verdächtige müssen innerhalb von höchstens 48 Stunden angeklagt werden. Dieses Gesetz soll verhindern, daß Leute verfolgt werden oder nur deshalb in Polizeihaft sitzen, weil man versuchen will, sie mit unlauteren Mitteln dazu zu bringen, ein falsches Geständnis abzulegen. Es dient dem Schutz der Menschenrechte. Aber in unseren Gefängnissen sitzen genügend Leute, gegen die eben keine Anklage vorliegt, sondern die einfach nur mundtot gemacht werden sollen. So geht die Regierung auf ihre Art gegen die wachsende Zahl derer vor, die offen für die Abschaffung der Apartheid und gegen das bestehende System eintreten.«

Für diese Behauptung hat Audrey Colman seit der Verhaftung ihres ersten Sohnes 1981 noch unzählige Beweise bekommen. Exakt an dem Tag im Jahre 1985, als der Ausnahmezustand in Südafrika ausgerufen wurde, nahm man ihren zweiten Sohn Neil fest, damals gerade 27 Jahre alt. Mittlerweile war die ganze Familie durch ihre Erfahrungen mit Keith politisiert worden und hatte begonnen, sich in der Opposition zu engagieren. Neil war inzwischen als Schriftsteller tätig, und auch er beschäftigte sich in seinen Texten vorwiegend mit dem politischen System in Südafrika. Mit Inkrafttreten der straffen Ausnahmegesetze hatte man eine leichte Handhabe, Neil für sieben Monate hinter Gitter zu setzen, ihn ohne Prozeß wieder freizulassen und ebenfalls mit einem Bann zu belegen, der für den Rest des Ausnahmezustandes gelten sollte, also bis zum heutigen Tage nicht aufgehoben ist. Auch für Neil bedeutet der Bann unter anderem das Verbot jeglicher politischen Meinungsäußerung in der Öffentlichkeit.

»Dieser Ausnahmezustand diente damals angeblich dem Zweck, den blutigen Unruhen und Aufständen in den Townships ein Ende zu setzen. Und seine Gesetze sollten angeblich der Polizei nur die Handhabe geben, dort wieder für Ruhe und Ordnung zu sorgen. Mein Sohn lebte aber nicht im Township, und er hat auch keine Bomben geworfen. Er ist Schriftsteller, seine einzige Waffe ist die Feder. Mit der ist er allerdings sehr angriffslustig; er hat sich entschieden in Opposition gesetzt zu dieser Regierung. Seine Verhaftung und unsere eigenen Erfahrungen in den letzten Jahren sind der beste Beweis dafür, daß die Regierung den Ausnahmezustand nur durch Lügen gerechtfertigt hat. Die eigentlichen Unruhen sind doch erst entstanden, als die Armee- und Polizeiinvasionen über die Townships hereinbrachen. Ursache und Wirkung sind von der Regierung stets verdreht worden. Mit der offiziellen Verhängung des Ausnahmezustands entstand erst der reale Ausnahmezustand. Und während der letzten Jahre hat sich dieses Gegenspiel von Druck und Gegendruck immer weiter verschärft und gesteigert. Der Kreis derer, die eliminiert und mundtot gemacht werden sollten, wurde zwangsläufig immer weiter gezogen: Erst der ANC, dann ganze Townships, dann die UDF* und die schwarzen Gewerkschaften, dann auch die Weißen, die sich eingehender mit diesem Land und seinen Mißständen befaßt haben, und schließlich die Presse. Jeder, der die Wahrheit entdeckt hat und es wagt, sie auszusprechen, ist heute ein mögliches Opfer des Systems. Und steht er erst mal auf der Abschußliste, hat er kein Privatleben mehr. Abhören des Telefons, Einschüchterung, Verfolgung, Razzien, Verleumdung, Gefangenschaft, Folter – der Werkzeugkasten der Exekutive scheint schier unerschöpflich.«

* UDF: United Democratic Front (Vereinigte demokratische Front), rassenunabhängige Oppositionsbewegung in Südafrika

Audreys Erläuterungen über Gefängnis und Gefangenschaft, über Polizeipraktiken und den Ausnahmezustand
spiegeln das merkwürdige Verhältnis zwischen willkürli-
cher Polizeigewalt und traditionellen Rechtsformen
wider, das kennzeichnend ist für das südafrikanische
System. In Zeiten des Ausnahmezustands wird der
Sicherheitspolizei von der Regierung völlig freie Hand
gewährt, doch anschließend muß die Polizei sich dann
regelmäßig für ihr Tun in öffentlichen Gerichtsverhand-
lungen verantworten. Die Wahrheit kommt dabei in aller
Regel nicht zum Zuge, damit die Regierung und ihre
Anhänger sich mit weißer Weste präsentieren können.
Solange sich der politische Häftling zum Zweck der Ver-
nehmung im Gewahrsam der Polizei befindet – eine
Phase, der keine klare zeitliche Grenze gesetzt ist –,
befindet er sich völlig außerhalb der Reichweite der
Gerichte, die nicht einmal einschreiten könnten, wenn ein
Anwalt Beweise für die Folterung eines Mandanten vorle-
gen würde. Aber wenn erst einmal Anklage gegen einen
Häftling erhoben ist, wenn er entlassen, als Zeuge vor
Gericht gebracht oder – was gelegentlich vorkommt –
vom Gefängnis ins Leichenschauhaus transportiert worden ist, können die Anwälte dieses Häftlings die betref-
fenden Polizeikräfte ins Kreuzverhör nehmen. Freilich
wird es einem politischen Gefangenen, der wie Audreys
Sohn in Einzelhaft gesessen hat, schwerfallen, Zeugen
herbeizuschaffen, die Beweise für die rücksichtslosen
Praktiken der Sicherheitspolizei liefern könnten.

Bis zum Zeitpunkt der persönlichen Konfrontation mit
dem System war Audrey Colman zwar politisch interes-
siert, aber ihr Engagement ging wie das der meisten Menschen nicht über regelmäßiges Zeitunglesen und einige
Posten bei Bürgervereinen und Diskussionsgruppen hinaus. »Als ich geheiratet habe, wurde ich eine weiße Mutter im reichen Johannesburger Vorort. Ich hatte mich wie

alle anderen Frauen um mich herum völlig dem Mutter-
und Hausfrauendasein verschrieben. Bei vier Kindern
hatte ich damit auch genug zu tun. Gefühle, daß unser
politisches System in hohem Maße ungerecht sei, rückten
ganz unbemerkt in den Hintergrund. In dem Moment, als
Keith dann festgenommen wurde, war es ein absoluter
Schock für uns. Alles war auf einmal Realität. Wie sollten
wir mit dieser Situation umgehen? Wir entschieden uns
nicht fürs Stillhalten, aber entgegen allen theoretischen
Diskussionen vorher war es eine schwierige Entscheidung, denn jetzt kannten wir den Preis fürs Revoltieren ja
aus eigener Erfahrung.«

Die Geschichte der Colmans macht deutlich, welch
ungeheurer Kraftanstrengung es auch für Weiße bedarf,
sich gegen den südafrikanischen Machtapparat aufzuleh-
nen. Das Absurdum für weiße Oppositionelle am Kap ist
ja, daß die Apartheid ihnen bis dato erhebliche Vorteile
gebracht hat. Warum sich also dagegen auflehnen? Wer
diesen Sprung aber doch schafft, muß eine große Zähig-
keit entwickeln.

Die Colmans griffen zur Selbsthilfe, gründeten mit
anderen Betroffenen ein Komitee von Eltern inhaftierter
Kinder und versuchten so, die weiße Öffentlichkeit auf
die desolate Situation in ihrem Land aufmerksam zu
machen. »Auf einmal standen wir vor Polizeistationen
und protestierten. Wir stellten fest, daß wir mehr Kraft
hatten als die meisten anderen Eltern, denen in diesen
Tagen ähnliches passiert war. Und wir begriffen, daß wir
nicht nur uns selbst, sondern auch diesen anderen Menschen helfen mußten – und zwar weißen und schwarzen
Eltern, von denen täglich mehr zu uns kamen. Es war
unglaublich, wie viele Menschen das gleiche Schicksal
erlitten hatten wie wir. Und in dem Maße, in dem wir uns
all der anderen Betroffenen annahmen, wurde klar, daß es
in einem Land wie Südafrika nicht mit bloßer Gefange-
nenhilfe getan ist, sondern daß wir das politische System

grundsätzlich analysieren mußten. Wir erweiterten unseren politischen Fokus und wurden zwangsläufig radikaler. 1984 wußten wir mittlerweile so viel über unser Land, daß sich unsere Organisation der UDF anschloß.«

Von nun an gehörten Max und Audrey Colman selbst zu den Verfolgten und mußten stets gewärtig sein, in jene traurige Statistik einzugehen, die ihr Komitee mit allen Mitteln an die Öffentlichkeit zu bringen versuchte: »Als unsere Organisation 1983 gegründet wurde, hatten wir mit Hunderten von Verhaftungen zu tun, und da war die Situation schon angespannt. 1985 waren es schon 12 000 Gefangene in einem Zeitraum von nur sieben Monaten. Von 1986 bis heute reden wir von mindestens 25 000 Verhaftungen. Daran kann man erkennen, mit welchen Mitteln die Regierung für ihren Machterhalt kämpft. Um uns in der Öffentlichkeit zu kriminalisieren, erklärt sie, Leute wie wir würden gemeinsam mit dem ANC an der Revolution, an ihrem Umsturz arbeiten. Dabei haben wir nichts anderes gemacht, als bestehende Mißstände aufzudecken. 1982 wurde zum ersten Mal bekannt, daß in diesem Land gefoltert wird. Damals noch relativ naiv, sind wir zur Regierung gegangen und haben gesagt: ›Leute, ihr müßt was tun. Seht mal, was in euren Gefängnissen alles passiert. Hier sind 79 Fälle von Folter, die wir analysiert haben.‹ Daß wir solche Dinge publik gemacht haben, brachte uns 1986 ein neues Gesetz, das besagt, daß von nun an niemand mehr öffentlich über solche Dinge reden darf. Wenn man dieses Gesetz wörtlich nähme, dürfte eine Ehefrau nicht einmal zu ihrem Mann sagen, daß ihr Kind im Gefängnis sitzt und mißhandelt wird.«

Dieses Gesetz reichte offensichtlich noch nicht aus. Im letzten Jahr wurden die Gefangenenhilfsgruppe und eine Reihe anderer Oppositionsorganisationen verboten und Leute wie die Colmans damit in den Untergrund gedrängt.

Audrey Colman hält diese Entwicklung langfristig für selbstmörderisch für Südafrika: »Ein wichtiger Aspekt, der oft übersehen wird, ist: Was sind das für Leute, die inhaftiert und isoliert werden? Die Menschen, die sich zu politischer Opposition in einem solchen Land wie dem unseren durchringen können, sind meist starke Charaktere, sind Menschen, die nachgedacht haben, Menschen, die Führungsaufgaben übernehmen können und in der Lage sind, Alternativen zu entwickeln. Genau diese Menschen werden mundtot gemacht. Und wenn sie dann die ganze Prozedur von Verfolgung, Inhaftierung, Folterung hinter sich haben, sind sie sehr oft gebrochen, haben starke seelische und körperliche Schäden. Das bedeutet, daß die Regierung einen Großteil des geistigen Potentials dieses Landes vernichtet. Hinzu kommt, daß all die anderen Leute systematisch zum unkritischen Mitläufertum erzogen werden: Seid ruhig, dann wird euch nichts passieren; nur nicht fragen, nur nicht denken. Damit schaufelt sich Südafrika, das jetzt trotz aller lauten öffentlichen Kritik immer noch massive Rückendeckung in der Welt hat, weil es wirtschaftlich mithalten kann, sein eigenes Grab. Für ein Kind ist es wichtig, Normen und ein Lebensmodell zu haben. Was haben unsere Kinder für Normen, was für ein Modell wird ihnen vorgestellt? Da unsere Kinder systematisch brutalisiert werden, kann man schon jetzt ihren weiteren Lebensweg erraten. Brutalität ist ihre Norm – und Südafrikas Zukunft.«

Um diesen langen Weg aus dem weißen Elfenbeinturm ins oppositionelle Ghetto anzutreten, war auch im Fall von Audrey Colman persönliche Betroffenheit nötig. »Menschen brauchen Leidensdruck, bis sie verstehen und sich auflehnen und wehren«, sagte sie mal zu mir, als wir über die internationale Kritik an Südafrika diskutierten. Ich solle mir mal ganz ehrlich meine Landsleute zu Hause vor Augen rufen – alle die, die ihr Leben lang die »Freiheit zur Freiheit« gehabt hätten, die seit Jahrzehnten den

Luxus einer funktionierenden Demokratie ohne Rassen- und Kulturkonflikt genössen, mit Blick auf Südafrika jedoch ständig den moralischen Zeigefinger durch die Luft schwenkten. Ob alle die, die da in Europa das Feindbild des weißen Südafrikaners vor sich her trügen, den Weg ins Ghetto, in die Verfolgung und womöglich ins Gefängnis wagen würden, wenn sie selbst vor dieser Entscheidung stünden? Ob sie sich vorstellen könnten, auf einmal Fremdlinge in ihrer eigenen Gesellschaft zu sein? »*Ich* bin ein Fremdling in meiner Gesellschaft. Es gibt zwar immer noch eine Reihe von Leuten, die mir, seitdem das alles passiert ist, die Freundschaft nicht aufgekündigt haben, aber auch sie zweifeln manchmal: ›Sieh doch, wohin dich das Ganze geführt hat: Deine Söhne im Gefängnis, dir haben sie den Paß abgenommen, du kannst nicht mehr reisen. Das kann die Sache doch gar nicht wert sein.‹ Wenn ich sie dann trotzdem zu überreden versuche, zu unseren Treffen zu kommen, dann ist die Antwort fast immer die gleiche: ›Warum? Wir können doch sowieso nichts dagegen tun.‹ Die meisten wollen in ihrer Ruhe nicht gestört werden, viele haben Angst: ›Ich will nicht ins Gefängnis und ohne Paß leben, so wie du.‹ Bei ›so wie du‹ steht ihnen auf der Stirn geschrieben, was sie über mich denken: daß ich nicht mehr alle Tassen im Schrank habe. Manchmal krieg' ich dann eine schreckliche Wut. Weiße Südafrikaner sind in einer solch privilegierten Position, sie könnten sie nutzen. Statt dessen wollen sie gerade wegen ihrer privilegierten Position die schlafenden Hunde nicht wecken. Viele hier in diesem Land denken, daß etwas falsch läuft, daß etwas anders sein müßte. Ich finde es traurig, daß das im Ausland oft übersehen wird. Aber ich muß natürlich zugeben, daß die meisten völlig passiv bleiben. Die anderen sind gegen eine Änderung des Systems, weil sie wissen, daß sich ihr Lebensstandard verschlechtern würde, wenn Schwarze wählen dürften. Aber sie alle übersehen, daß, während sie in Passivität verharren, die Schraube immer fester angezogen wird, daß sie irgendwann keine Möglichkeit mehr haben werden mitzubestimmen. Sie alle, die sich jetzt gegenseitig bestärken und erzählen, es sei doch schon erheblich besser geworden, werden eines Tages ein jähes Erwachen erleben. Es ist schlimmer geworden in diesem Land. Und es wird noch viel schlimmer werden.«

In Sandton ist Soweto-Tag

Nachbarschaftliche Beziehungen von Rassen und Klassen

Die Dinger gehen weg wie warme Semmeln. Kein Wunder bei all dem, was man täglich in den Zeitungen liest.« Mit diesen Worten schiebt die Verkäuferin Betty der Dame vor mir eine kleine Gaspistole über die Theke. Mit dem, »was man in den Zeitungen liest«, meint sie mit Sicherheit nicht den täglichen kleingedruckten Polizeibericht von Seite drei:

In Soweto wurden fünf Häuser angesteckt und zwei Bierhallen durch Brandstiftung beschädigt . . .

In Alexandra wurden drei Schwarze von Jugendlichen gesteinigt, erstochen und in Brand gesetzt . . .

In Mamelodi wurden Polizeifahrzeuge mit Molotow-Cocktails attackiert. Drei Tatverdächtige wurden verhaftet . . .

In Durban zerstreute die Polizei eine illegale Versammlung schwarzer Schüler mit Tränengas. Siebzehn Jungen wurden vorläufig festgenommen . . .

Nein, nicht wegen der Unruhen in den Townships greift die Dame zur Waffe: »Das ist nicht meine Welt. Wenn ich ganz ehrlich bin, sind die schwarzen Townships für mich so weit entfernt wie das Meer am Kap. Schließlich werfen die ja keine Steine auf mich.« Nein, da, wo sie wohnt, hat man ganz andere Sorgen: Der weiße Wohlstand ist in Gefahr und muß verteidigt werden.

Die zierliche Betty mit dem Elfengesicht zieht ihre Büroschublade auf: Zwischen DIN-Umschlägen und Ersatzminen liegt ein schwerer anthrazitfarbener Revolver. »Keinen Schritt tue ich mehr ohne meinen kleinen Beschützer. In der einen Hand den Revolver, in der anderen den Haustürschlüssel, so betrete ich meine Wohnung, seitdem überall eingebrochen wird.« Jeden Sonntagmorgen geht Betty zum Schießübungsplatz: »Ich sage dir, mittlerweile liegt mir das Ding ganz locker in der Hand, und meine Treffsicherheit ist nicht ohne.« Und fast jeden Samstagabend ist sie in der Sandtoner Luxusdiskothek *Spats*: »Wir haben uns alle dran gewöhnt: Am Eingang steht einer und kontrolliert die Handtaschen. Wer ein Schießeisen dabeihat, muß es bis zum Ende des Abends abgeben. Während der Stoßzeiten hat der gute Mann bisweilen ein ganzes Waffenarsenal in Verwahrung.«

Paul hat seine Pistole immer unter dem Kopfkissen, und seine Dobermänner schlafen nachts neben dem Bett, seitdem die Sache mit dem Zuluspeer damals fast schiefgegangen wäre. Auf frischer Tat hatte er zwei Schwarze erwischt, die eines Nachts sein schönes Heim ausräumen wollten. Vom plötzlichen Erscheinen des Hausherrn völlig überrascht, hatte einer das Messer gezückt. Aber Paul war schneller, hatte den dekorativen Zuluspeer noch rechtzeitig von der Wand reißen können und die Einbrecher in die Flucht geschlagen.

In Stevens Familie besitzt jeder einen kleinen »Panik-Knopf«, den er stets in der Hosentasche oder am Gürtel mit sich herumträgt. »Die ganzen Alarmanlagen von unseren Nachbarn taugen doch nichts. Und außerdem kommen die Schwarzen mittlerweile schon am hellichten Tag, um dir die Bude auszuräumen. Mit dem Panik-Knopf ist unsere Sicherheit immer garantiert. Sobald du irgendwas hörst oder siehst, drückst du auf den Knopf, und in maximal drei Minuten stehen zwei bewaffnete Wachmänner von unserer Sicherheitsfirma neben dir.«

Stevens Vater hat mit dieser Firma gegen einen kleinen Aufpreis noch ein Sonderabkommen getroffen: Bevor er morgens das Haus verlassen will und bevor er abends in die Garage zurückfährt, drückt er seinen Panik-Knopf. Sofort stehen ihm dann die beiden Wachmänner, die für seine Sicherheit zuständig sind, zur Verfügung und sorgen auf den zehn Metern zwischen Haustür und Garage für sicheres Geleit.

»Unser Geschäft ist die Angst. So wie die Weißen ihr System nur noch mit Gewalt schützen können, fürchten sie auch um ihren Wohlstand, der in dem Maße bedroht ist, in dem die Arbeitslosigkeit unter den Schwarzen wächst«, meint der, der Steven und 2600 andere wohlhabende Familien mit Panik-Knöpfen und Wachmännern versorgt und kaum die Nachfrage nach seinen Diensten befriedigen kann. Jeden Monat muß seine Firma das Panik-Alarmsystem für durchschnittlich zweihundert neue Kunden montieren.

Sie alle führen auf ihren Visitenkarten eine der feinsten Adressen der Goldstadt: Sandton.

Adressen haben im apartheidsortierten Südafrika von jeher eine besondere Bedeutung. Aber sie trennen nicht nur die Rassen, sie trennen auch die Klassen. »Man« wohnt in Sandton, wenn »man« im weißen Johannesburg dazugehören will. Und »man« kauft natürlich nirgendwo anders ein als im Einkaufszentrum aller südafrikanischen Einkaufszentren: im Sandton-Shoppingcenter.

Dieses Shoppingcenter ist ein futuristischer Kaufrausch mit Wasserfall und Marmortreppe, mit Luxushotel und Kinocenter, mit Kunstgalerien, deutschem Feinkosthändler, Supermarkt und Dependencen von Designern aus ganz Boykott-Europa. Das Kassenklingeln des Sandton-Shoppingcenters ist Musik für jedes Unternehmerohr.

Wenn da nur nicht diese schrecklichen Tage wären, an

denen eine unheilvolle Sabotage das ganze Konsumparadies lahmgelegt zu haben scheint. Statt Kassenklingeln nur Kassenschlangen. Die Regale der Supermärkte halbleer, die Waren falsch einsortiert. Keine warmen Brötchen, keine frische Milch. Kein Zimmerservice in der Edelherberge, endloses Warten in den Cafés. Um und auf den Papierkörben der Einkaufspassagen stapelt sich der Abfall.

Was ist das für ein Tag? So genau weiß es offenbar keiner meiner Gesprächspartner. »Na ja, das Übliche: Die Schwarzen streiken mal wieder.« »Was war denn gleich noch? Keine Ahnung. Die Schwarzen kommen halt nicht zur Arbeit.« »Ach ja, heute ist der 16. Juni. Da war irgendwas mit Soweto.«

Irgendwas mit Soweto . . . Am 16. Juni 1976 sind bei den Schülerunruhen von Soweto mehr als zweihundert Kinder von Polizisten erschossen worden. Für die schwarze Mehrheit am Kap ist dieser Tag seither eine Art Staatstrauertag, den sie alljährlich im stummen Protest begehen. Alljährlich am 16. Juni boykottieren sie das weiße Südafrika und erreichen damit zumindest, daß sie an diesem Tag wenigstens nicht vom weißen Südafrika ignoriert werden. Wo doch ansonsten die Mauern aus Ignoranz schier unüberwindlich scheinen.

Das Absurdum Apartheid ist im Falle Sandton besonders eklatant: Sandton ist der unmittelbare Nachbar von Alexandra. Sandton ist das feinste aller feinen Wohnviertel, Alexandra eines der ärmsten schwarzen Townships. Diese ungewöhnliche Nachbarschaft ist ein Unikum am Kap und doch ein typisches Beispiel dafür, wie subtil die Apartheid funktioniert.

Vom Sandton-Shoppinghügel kann man hinüber zum Alexandra-Townshiphügel blicken. Man müßte eigentlich auch problemlos zu Fuß hinübergelangen, denke ich mir. Nur ein paar hundert Meter nach links, dann den steilen Berg hinunter direkt an *Frank's*, dem neuen, einfach delikaten Edelitaliener vorbei. Unten im Tal erwartet mich nicht etwa eine Grenzmauer, sondern eine Autobahn. Aber kein Problem – eine Brücke macht das Überqueren leicht. Hinten wieder einen Abhang hoch, und fast wäre man in Alexandra, man muß sich nur noch durch die engen Sträßchen des Industriegürtels schlängeln, der sich wie eine Pufferzone um Alexandra herum breitmacht. Doch jetzt wird's kompliziert, auch für den, der es geschafft hat, sich ganz ohne Hinweisschilder bis hierher vorzuarbeiten. Theoretisch ist man fast am Ziel – aber die Straße zwischen Alexandra und dem Industriegebiet verzichtet wie eine Autobahn einige Kilometer lang auf jegliche Ein- und Ausfahrten: Man kommt einfach nicht rüber. Der ungeübte weiße Anfänger braucht einige Anläufe und den Orientierungssinn einer dressierten Maus, bis er das Rätsel des schilderlosen Brückenlabyrinths gelöst hat.

Aber wer will das schon? Außer einer jungen Frau, deren europäische Gäste auf einer Sightseeingtour durchs Township bestanden haben, konnte ich in ganz Sandton trotz intensivster Recherchen niemanden finden, der jemals einen Fuß nach Alexandra gesetzt hätte oder auch nur bereit gewesen wäre, den Versuch zu wagen. Das Township um die Ecke – das ist eines dieser unberechenbaren exotischen Tiere, zu denen man lieber sichere Distanz wahrt.

Und so ahnen die zivilisierten Nachbarn vom Luxushügel auch nicht, was es bedeutet, wenn ein Schwarzer es an einem Tag wie dem 16. Juni wagt, die schwarze Solidarität zu brechen und einen Schritt ins weiße Sandton zu setzen, aus Angst davor, seinen Monatslohn oder gar seinen Arbeitsplatz zu verlieren. Daß sich die, die »gottlob doch noch eine anständige Arbeitsmoral« haben, in aller Hergottsfrühe aus dem Township schleichen müssen, um ja nicht von ihren Leuten gesehen zu werden. Oder daß die, die ein eigenes Auto besitzen, sich möglichst lässig kleiden und zu einer unverdächtigen Zeit – nach zehn Uhr morgens – ihr Haus verlassen. Daß andere plötzlich ihre Vorliebe fürs Joggen entdecken, um im unverdächtigen Trainingsanzug aus dem Township zu laufen. Und daß all diejenigen von ihnen, die wohlwollende Chefs haben, um zwei Uhr spätestens von ihrem kleinen Streiktagausflug wieder zurück sind.

Gegen fünf ändert sich nämlich die Stimmung rapide. Dann nehmen sich die Aktivisten Boykottbrecher vor. Alexandra-Bewohner, die dann noch nicht zu Hause waren, ist schon mal das Auto unter der Sporthose angezündet oder der vom Joggen und der Angst verschwitzte Körper blutig geschlagen worden, wenn nicht gerade schwerbewaffnete Soldaten auf Panzern die schwarzen Arbeitskraftreserven zusammengetrieben und eskortiert haben.

Aber Gott sei Dank tritt dieser Schrecken niemandem vom mondänen Sandtonhügel zu nahe, bleibt man dort von den Problemen, die ein Tag wie der 16. Juni für die schwarzen Nachbarn mit sich bringt, unbehelligt. Und wenn die Schießereien mal wirklich zu laut werden sollten, kann man ja das Radio einschalten: »*Alles ist friedlich, nur das Arbeitsleben verläuft nicht ohne Störungen*«, verkündet die monotone Sprecherstimme während der Nachrichten des staatlichen Informationsorgans SABC.

Damit wird die Realität freilich ein wenig aufpoliert: In Sandton quellen die Papierkörbe über, und die Kassenschlangen wachsen. Und in Alexandra gab es Straßenschlachten, eine Armeeinvasion und vier Tote.

Alexandra nach den Nachrichten

*Ein schwarzes Township zwischen
Alltag und Aufstand*

>»Schwarze, die wegrennen, und
>Weiße, die draufhauen ... Das
>ist alles, was ich mir unter einem
>Township vorstellen kann.«
>(*Iris, eine deutsche Fernsehzu-
>schauerin*)

Norden von Johannesburg. Beste weiße Wohn-
gegend – eigentlich. Aber – Alexandra. Ein schwarzes Township. Seine hektisch pulsierende Lebensader,
Nabelschnur zur weißen Welt – die Second Avenue. Ein
ganz normaler Tag – heiß, staubig, scheinbar ohne Nach-
richtenwert.

*»Second hand emotions ... just second hand emo-
tions ...«*, dröhnt es soulig und schwarz aus den Lautsprechern neben dem Eingang zu *Monty's*. Ein kleiner
Junge – zu klein für die Zigarette in seinem Mundwinkel –
schnippt mit den Fingern im Takt. Wie eine aufgezogene
Plüschente schiebt er unablässig den Kopf zwischen den
Schultern vor. *Monty's* ist nicht so opulent ausgestattet
wie der *Wonderstore* – aber immerhin, das Schaufenster
kann sich sehen lassen: Messer, Sonnenschirme, Gasko-
cher, natürlich Radios, Poster und Kassetten von Barry
White oder den Temptations, Nachttöpfe, Safarihüte,
Pudelmützen. Verwirrende Fülle. Nebenan beim Metz-

ger hängen tote Schweine im Fenster. Die Reste und Innereien, abgepackt für neunzig Cent, sind käuflich. Auf dem Bürgersteig davor riecht's feuchtheiß nach Schweiß und ranzig nach Essensresten. Keiner stört sich daran. Auch an mir stört sich niemand, obwohl ich die einzige Weiße bin.

Auf der anderen Straßenseite ist Markt. Schwarze Babys, schwarze Liebespaare, schwarze Schönheiten lachen und lieben makellos auf Postern. Ein trauriger Anblick. Die schwarze Frau, die sie für fünf Rand das Stück verkauft, hat einen Buckel und keine Zähne.

Keine Zähne, braune Zähne, Lücken zwischen den Zähnen scheint's umsonst zu geben – fast jeder hat sie: der Besoffene, der vor sich hin humpelt und auf den Boden spuckt, ebenso wie all die anderen, die sich aneinander und an mir vorbeischieben und -drängeln.

Es ist voll, es ist laut, es ist eng, stickig und staubig auf der kurzen, zu schmalen Second Avenue.

Die Straße ist alt – ein paar Jahrzehnte schon – und kann nicht mehr mithalten. Keuchend droht sie aus den Nähten zu platzen, bei alldem, was da auf ihren dreihundert Metern lastet: der Markt, die Menschen, der Müll, die Geschäfte, eine ganze Kleinbus- und Taxi-Armada, der Durchgangsverkehr, der sie nur als Verbindung zum weißen Johannesburg mißbraucht – jenem weißen Johannesburg, das sie wiederum als Grenze zum schwarzen Alexandra mißversteht. Ganz am Ende: der *Wonderstore*, dessen Schaufenster hält, was der Name verspricht. Im Wunderladen scheint der Traum zum Greifen nah: Weißmacher – beißende Bleichcremes fürs Gesicht und ätzende Haartinkturen, die minderwertige schwarze Krause zu edlem glattem Schopf verwandeln sollen.

Gleich hinter den Wundern beginnt endgültig Alexandras profaner Alltag. Neben ihm glänzt die kränkelnde Second Avenue wie eine üppige Prachtstraße.

120 000 Menschen auf zwei Quadratkilometern. Bis auf
wenige schon sanierte Randgebiete kein Teer, nur Schlaglöcher und Staub oder ein Schlachtfeld aus knöcheltiefem
Schlamm, wenn sich der Sommerregen in seinen allabend-
lichen Gewitterinvasionen austobt. Keine Abfallentsor-
gung, nur fliegenumsummte Haufen. Kein Abwassersy-
stem, nur Seuchen und Vorgärten aus vermoderndem
Müll, in denen Rinnsale von beißendem Uringeruch blü-
hen. Kein Wasser, keine Dusche, kein Bad, nur Eimer
und öffentliche Hähne. Keine Häuser, schon gar keine
Heime, kein Zuhause, nur Ohnmacht aus Wellblech und
Pappe und ein paar aus Ziegeln bestehende Erinnerungen
an damals . . .

Jahrhundertwende. Alexandra ist eine weiße Frau, die
Frau des Bauern Papenfuß, dem das Land, auf dem sich
heute der schwarze Schandfleck hartnäckig gegen weiße
Villen behauptet, vor rund achtzig Jahren gehörte. Herr
Papenfuß kann dem Boden, auch wenn er den Namen
seiner geliebten Gattin trägt, nicht genug zum Leben
entlocken. 1912 schließlich bietet er seinen Besitz zum
Kauf an. Wohlwissend, daß seinesgleichen an diesem
Niemandsland jenseits der Zivilisationsgrenze nicht inter-
essiert ist, unterteilt er es in viele kleine Parzellen und
wirbt mit großen Holzschildern in fremd klingenden
Sprachen um eine ganz andere Zielgruppe, von der er
sicher sein kann, daß sie diese einmalige Chance auf eine
eigene Existenz nicht ausschlagen wird: Alexandra wird
schwarz.

Johannesburg verfällt dem Goldrausch. Von überallher
strömen die Glücksuchenden, um dem Boden ein paar
Nuggets zu entreißen. Mit dem neuen Reichtum wächst
die Stadt in atemberaubendem Tempo die Hügel hinauf.
Und Alexandra kann sich mit einem Mal vor Verehrern
nicht mehr retten. Die Immobilienmakler reißen sich um
die Unscheinbare, in der Hoffnung, mit ihr das große
Geld zu machen. Aber Alexandra ist nicht mehr unbe-

rührt. Der alte Papenfuß hatte sie ja ein paar Jahre zuvor, noch rechtzeitig vor der rassenklassifizierten Gebietsreform, an den schwarzen Mann gebracht. Ein juristisches Vakuum war entstanden, das das Township vor der Räumung bewahrt hat.

Seit damals ist Alexandra standhaft geblieben. Sogar als 1963 das Land vom Staat enteignet wurde. Danach haben sich über zwanzig Jahre lang die Räumungskommandos und ihre Bulldozer zigmal in die Ränder der schwarzen Enklave gefressen, knapp fünfzigtausend Menschen sind zwangsumgesiedelt und Eigentümer zu Mietern in ihren eigenen Häusern oder zu Obdachlosen gemacht worden. Aber letztendlich hat Alex alle Angriffe abgewehrt. So schnell, wie die Hütten niedergewalzt sind, werden sie auch wieder aufgebaut. Noch heute liegen Enteignungsabfindungen unberührt auf Sperrkonten, weil sich die Empfänger immer noch als rechtmäßige Eigentümer betrachten. Alex ist zwar nicht größer geworden, aber auch nicht kleiner als damals: Immer noch zwei Quadratkilometer mit 22 Wegen im Rechenkästchenmuster. Doch heute leben dort nicht mehr nur ein paar friedliche schwarze Bauern – Alex ist ein grauenerweckender Großstadt-Slum.

Dieser Slum freilich soll bald nur noch in den Erinnerungen von gestern existieren: »Mit unserem Strom können wir Alexandra zu neuem Leben erwecken.« Ian McRae, der Oberste des staatlichen Elektrizitätsriesen ESCOM, hat es sich vor zwei Jahren zur persönlichen Sache gemacht, das Township zu sanieren.

Und auch die Regierung, vierzig Auto-Minuten entfernt in Pretoria, hat die Gefahr erkannt: »Da tobt der Krieg, auch wenn man immer seltener Kanonen und Gewehre hören kann. Es ist ein psychologischer Krieg, der die Leute langsam, aber sicher zermürbt und der sie dazu bringen kann, die Bombe platzen zu lassen.« Und auch Pretoria setzt auf die Sanierung von Alex.

Das neue Leben scheint allerdings vorerst nur unter der Erde zu erwachen. An allen Ecken des zerfressenen Straßennetzes graben sich Männer und Maschinen in den Boden. Mit ihren Schaufeln zerpflügen sie die engen Wege, ziehen Gräben für Rohre und Kabel. Stück für Stück soll der aufgequollene Körper von neuem zu pulsieren beginnen. Strom, Wasser, Abwasser, Häuser – erst in diesem Viertel, dann in jenem. Während der nächsten fünf Jahre sollen aus Baustellen Bauten werden, soll die Neunzig-Millionen-Mammutsanierung vollzogen, sollen 22 000 Telefone installiert werden.

»Und diese äußere Lebensqualität bringt inneren sozialen Frieden!« McRae ist passionierter Optimist. So muß er sich von skeptischeren Zeitgenossen auch Kritik gefallen lassen: Zum einen sei ein derartiges Sanierungsprojekt zur Zeit die Ausnahme. Solche Kraftanstrengungen unternähme die Regierung nur, weil Alexandra an exponierter Stelle, nämlich in unmittelbarer Nähe des vornehmen weißen Sandton, liege und weil es für die Schwarzen symbolischen Charakter habe. Alex sei für sie die Erinnerung an Eigentum und Recht und die Hoffnung auf Freiheit. Zum anderen sei dieses Großreinemachen nichts anderes als politische Makulatur und geschickt lancierte Propaganda. Den Frieden bringe nur eine grundlegende Änderung des politischen Systems und nicht etwa ein einzelnes Sanierungsprojekt.

Noch klaffen die Wunden überall – durch und durch mit dem alten Bazillus infiziert: »Es ist ein nie endender, gefährlicher Kreislauf. Apartheid heißt: schlechte Schulbildung, keine Arbeit, kein Wohnraum, Bevölkerungsexplosion, Alkoholismus, Gewalt.« Die Sozialarbeiterin ist mit der Krankheit vertraut: »Das, was man hier in Alex als Haus bezeichnet, ist meistens eine Hütte, in der durchschnittlich sechs bis zehn Menschen hausen. Sechs bis zehn Menschen, die in dieser Hütte gezeugt und geboren werden, die hier aufwachsen und auch wieder sterben. Eine Hütte, in der sie schlafen, streiten und kochen, ohne Zwischenwände und ohne Intimsphäre. Da hat nicht die Zärtlichkeit Priorität, nicht die warme Umarmung, sondern der Wille, Widrigkeiten zu überwinden. Da sind Kriminalität und Verwahrlosung von Anfang an vorprogrammiert, und wir können nichts dagegen tun.«

»Wenn ich wenigstens in einer der Hütten wohnen könnte. Und wenn wenigstens meine Familie hier wäre.«

Mita lebt mit 2900 anderen Frauen in einem der Wohnheime von Alexandra. Die Arbeits- und Perspektivelosigkeit in den Homelands treibt ständig neue Heerscharen von Schwarzen in die großstädtischen Townships und damit in die Obdachlosigkeit oder in eines der staatlichen Wohnheime. Auf den Hügeln von Alexandra thronen drei solcher Betonsilos, in denen knapp zehntausend Männer und Frauen auf engstem Raum zusammengepfercht hausen.

25 Quadratmeter. Vier hohe schmale Eisenschränke – Nummer 2009 bis 2013. Eine kleine Glühbirne unter der Decke und ein winziges Oberlicht an einer Wand erhellen den gelbgetünchten Raum und die Poster von Prinz Charles samt seiner Diana und einer Fußballmannschaft. Auf dem Steinboden ein paar Teppichreste mit gelbgrünen Ornamenten, auf den Eisenbetten Matratzen, nicht mehr als zwei Finger dick.

Es gelten die Gesetze des Stärkeren: »Wenn du nicht kämpfst, machen dich die anderen nieder, nehmen dir die Matratze weg oder das letzte Pfund Mehl. Wir können uns nicht aussuchen, mit wem wir zusammen wohnen möchten.«

Draußen am Ende des Gangs: Klos ohne Klodeckel, ein paar Duschen und Badewannen voller klebrig-brauner Reste, von den feuchten Wänden blättert die Farbe ab. »Damit ich um neun Uhr rechtzeitig meinen Job antreten kann, muß ich um fünf Uhr aufstehen und mindestens zwei Stunden lang mit Hunderten von anderen Frauen an einer der zwei Duschen, an einem der vier Klos oder an einer der drei Badewannen für unseren Block anstehen. Am schlimmsten ist es, wenn wir einmal im Monat unsere zwanzig Mark Miete bezahlen müssen. Dann muß ich schon um zwei Uhr raus, damit ich um vier Uhr eine der ersten in der Reihe am Mietschalter bin, den sie erst um acht Uhr öffnen.«

Besuch darf Mita nur eine Stunde lang und außerhalb ihres Zimmers empfangen. Jeder muß sich am streng bewachten Eingang eintragen. Das gilt auch für ihre sieben Kinder, die schon seit Jahren bei Mitas Mutter im Homeland leben und die allesamt von Mitas vierhundert Mark Monatslohn mitfinanziert werden. Mita hat schon immer daran geglaubt, daß sich ihr Hundeleben im Wohnheim lohnt, wenn es denn nur ihren Kindern eine Ausbildung und eine Zukunft ermöglicht. Vor ein paar Tagen hat ihre siebzehnjährige Tochter ein Studienstipendium für London erhalten. »Dafür lebe ich gerne für immer und ewig hier.«

Für immer und ewig Ohnmacht, Warten, Perspektive- und Heimatlosigkeit. Arbeitslosenquoten von fast fünfzig Prozent, keine Industrie, aber astronomische Geburtenraten – 62 Prozent aller Leute in Alex sind zwischen vier und zwanzig Jahren alt –, Obdachlosigkeit, Verwahrlosung, Kriminalität und Korruption. Das alles wird ertragen wie eine unheilbare Krankheit? Nein. Alexandras Überlebenswille war immer stark, Auflehnung und Verweigerung waren fast zwangsläufig.

So mußte auch im September 1983 nach diversen mißglückten Räumungsaktionen der jüngste Plan der Regierung in Pretoria scheitern. Als sie zu einem neuen Schlag gegen den letzten Rest von Alexandras Autonomie ausholte und an den Bedürfnissen der Leute vorbei einen gefügigen schwarzen Stadtrat zur sogenannten Bürgervertretung in Amt und Würden hob, da verschaffte sich wieder einmal das Prinzip »Druck erzeugt Gegendruck« Geltung. Die Einsetzung einer aufoktroyierten Pseudo-Interessenvertretung war ein weiterer Anstoß zum Verfall der politischen Strukturen Alexandras.

Von Anfang an war dieser Stadtrat eine Bürgervertretung ohne Bürger, waren seine scheinbar machtgepolsterten Amtssessel nervöse Schleudersitze, war sein politisches Instrumentarium auf Korruption und Bestechung beschränkt. In dem Maße, in dem die Stadträte sich als schwarze Exekutive des weißen Regierungsapparats prostituierten und ihre eigenen Leute unter Druck setzten oder auslieferten, wurden sie selbst unter Druck gesetzt und bedroht. Aus Straßenbanden formierten sich Aktionskomitees und Volksgerichte, die die Arbeit der Offiziellen unterwandern und eine alternative Führung aufbauen sollten.

Tausende von Township-Bewohnern spielten – unerwartet und im allgemeinen zum ersten Mal in ihrem Leben – eine aktive Rolle im politischen Prozeß. In jedem Viertel, in jeder Straße trommelten pubertierende Teenager ihre Eltern, Nachbarn, Verwandte und Bekannte zusammen, um mit ihnen Bürgerausschüsse aufzubauen. »Und am Ende steht der totale organisierte Volksaufstand der schwarzen Massen, wenn wir jetzt alle unser Leben, unser Township und die Politik selbst in die Hand nehmen«, heizten die *comrades* ihren Leuten nach sozialistischem Vorbild ein.

Zwanzig bis vierzig Haushalte organisierten sich jeweils in einem Straßenkomitee. Die demokratisch gewählten Führer dieser Komitees repräsentierten wiederum ihre Straße im Blockkomitee und so weiter.

»Es war einfach wunderbar, mit anzusehen, wie die alte afrikanische Tradition des *indaba* – miteinander reden und verhandeln und für alle und mit allen die beste

Lösung suchen – wieder zum Leben erweckt wurde. Wie plötzlich wieder Gemeinschaftsgefühl aufblühte. Wir alle fühlten uns sicherer, und wir waren aktiver. Ich weiß noch, wie einer einen Mann aus unserer Straße beim Klauen erwischt hatte. Unser Volksgerichtsbeschluß: Er mußte vierzehn Tage lang die Fenster in der ganzen Straße putzen.«

Mit einem Mal war Alexandra wieder im Aufbruch. Straßen wurden intern umbenannt in »Mandela« oder »Freiheit«. Selbst die Alten träumten von ihrer revolutionären Zukunft und der Rückeroberung ihres einstigen Eigentums. Auch Pretorias Maschinengewehre konnten die tobende Menge nicht stoppen: Der Tod für die Revolution schien die Krönung eines jeden Aktivistenlebens. Die Beerdigung eines Helden wurde zur Massendemonstration gegen das Regime.

SIPHO IST TOT – UMGEBRACHT VON DER POLIZEI stand auf einem der großen Stoffbanner, das über den Köpfen der Kinder zum Grab wanderte. Auf einem anderen stand SÜDAFRIKANISCHER STUDENTENKONGRESS und FREIHEIT. Es waren Tausende, die Sipho das letzte Geleit gaben. Der ganze Trauerzug vibrierte in einem bedrohlich zischenden Rhythmus: »*Pusch, pusch, usch, usch . . .*«, stieß lautmalerisch der Sprechchor hervor, während sich ein Panzer aus Fäusten über den Köpfen ballte. Nichts von einem stummen Trauerzug – laute Klagelieder, so rhythmisch wie ein Maschinengewehr. Erst als Siphos Mutter das Grab erreicht hatte, wurde es für einen Moment still. Sie nahm ihr schwarzes Mützchen ab und begann zu singen. Nur ein paar Takte, dann antwortete die Menge. Noch ein paar Takte, und wieder antwortete die Menge – so lange, bis Siphos Sarg in dem Loch verschwand. Plötzlich löste sich wie ein Schuß eine Stimme aus der Menge: »*Sipho our hero*« – Sipho unser Held. Der winzige Funke sprang über. Die Stimmung entlud sich wie in einem Gewehrfeuer: »*Sipho our hero, Sipho our hero.*« Jubel.

Die Beerdigung: ein politisches Fanal, ein neuer Energie-
schub für den Kampf, eine Solidaritätsbekundung der
Unterdrückten.

Die Euphorie gipfelte im Sturz der verhaßten Mario-
nettenregierung. Aus Angst vor der Lynchjustiz »ihrer«
Bürger legten die Stadträte im April 1984 ihre Ämter
nieder. Für viele Bewohner war die Frage nur noch:
»Wird die Revolution vor Weihnachten oder erst nachher
kommen?«

Was kam, waren Bürgerkrieg, Ausnahmezustand und
Armee.

»Auf einmal fingen die Jugendlichen an, uns unter
Druck zu setzen. Mal wollten sie Geld für irgendwelche
obskuren Geschichten, oder sie zwangen uns, zu irgendeiner Beerdigung zu gehen; ein anderes Mal drohten sie
Leuten, die nicht zu Versammlungen kamen, drakonische
Strafen des Volksgerichts an. Wir hätten sie gewählt, und
jetzt müßten wir gefälligst ihren Entscheidungen gehorchen. Aber in Mord und Totschlag artete das Ganze erst
aus, als die *comrades* anfingen, sich untereinander zu
bekriegen.«

Ruben wurde umgebracht – nicht von der Polizei, son-
dern von seinen eigenen Leuten. Kurz vor Beginn der
Beerdigung steckten Unbekannte seinen Sarg in Brand.
Gerade noch rechtzeitig, bevor sein Leichnam ver-
brannte, kamen Freunde und konnten das Feuer löschen.
Einer dieser Freunde verschwand unmittelbar nach der
Rettungsaktion. Tage später fand man seine Leiche hinter
der Stadtverwaltung.

Auch Rubens Begräbnis war ein politisches Begräbnis.
Nur, diesmal war es nicht mehr eine Demonstration des
gemeinsamen Protestes – diesmal war es ein Schlachtfeld
für die inneren Machtkämpfe, von denen Alexandra
geschüttelt wird. Die übermächtigen Eigeninteressen der
einzelnen schwarzen Gruppierungen führten zu einer
Zersplitterung, die nicht mehr aufzuhalten war.

Solidarität war in Selbstzerstörung umgeschlagen, aus dem Kampf gegen die Obrigkeit ein Bandenkrieg zwischen AZAPO und UDF geworden – ein Bürgerkrieg im klassischen Sinne. Ruben war Mitglied der United Democratic Front (UDF), seine Mörder und die Brandstifter dagegen gehörten der Azanian People's Organisation (AZAPO) an. Wäre ihr Versuch, Rubens Leichnam zu verbrennen, geglückt, so hätten sie ihm und seiner Familie das Schlimmste überhaupt angetan. Nach schwarzer Tradition geht der Leichnam, wenn er bestattet wird, ins Reich der Vorfahren ein, wo er neues Leben und seinen Frieden findet. Verbrennt man ihn dagegen, wird er niemals Ruhe und Ehre finden.

Daß wiederum einer der Retter ermordet hinter der Stadtverwaltung aufgefunden wurde, macht deutlich, daß die Täter ihn genauso wie Ruben für einen Verbündeten der Weißen hielten. Die AZAPO steht für schwarzes Bewußtsein, UDF für eine rassen- und klassenlose Gesellschaft. Ihre Bibel ist die Freiheitscharta des in Südafrika verbotenen African National Congress (ANC), dessen auf Gleichberechtigung und Harmonie zwischen Schwarz und Weiß abzielende Politik sie weiterführen will. Die UDF, die sich aus der schwarzen und weißen Bevölkerung rekrutiert, sieht sich vor allem als Kampforganisation gegen die Apartheid. Für die rein schwarze AZAPO indes ist die Beendigung der Apartheid nur ein Randaspekt. Ihre Vision ist *Azania*, das vereinte sozialistische Afrika der Schwarzen.

Nicht genug, daß sich die jugendlichen Aktivisten dieser beiden Gruppen mit immer mehr Haß und Brutalität in ihren ideologischen Kleinkrieg hineinsteigerten – mit ihrer Verräter- und Überläuferjagd metzelten sie schließlich das ganze Township in zwei Teile. Leute, die seit Jahren Freunde gewesen oder zusammen zur Schule gegangen waren, durften kein Wort mehr miteinander wechseln, wenn sie sich nicht zur gleichen Ideologie bekannten. Es war die Zeit der *necklace* – der Halskrause: Vermeintlichen Verrätern, Überläufern oder Gegnern wurden vor den Augen der Masse benzingetränkte Reifen um den Hals gelegt, die dann angesteckt wurden. Schon derjenige, der dabei erwischt wurde, trotz Boykottaufruf zur Arbeit gegangen zu sein oder eine politische Versammlung nicht besucht zu haben, mußte mit Gewalttaten gegen sich oder seine Familie rechnen.

Während Alexandra in den Zustand der totalen Selbstzerfleischung verfiel, war es ein leichtes für den eigentlichen Kontrahenten, dem schwarzen Mob wieder die Kandare anzulegen. Im Juli 1985 verhängte die Regierung den Ausnahmezustand über Südafrika und schickte die Armee in die Townships. Mit einem Mal wurde wieder deutlich, wer der wirkliche Gegner ist und wer wirklich Macht besitzt in diesem Land.

Oben aus dem Panzer gucken weiße Soldatenköpfe. Über ihnen kreisen Hubschrauber. Brennende Reifen überall. Kinderstimmen schreien im Takt. Kleine, hohe Stimmen, keine ängstlichen Stimmen. Stimmen eines Krieges. Tollwütige, widerspenstige, verachtende, aus der Unterordnung aufschreiende Stimmen. Grenzen, Führer, Visionen suchende Stimmen. Aus den Tönen formen sich Provokationen: Den Soldaten strecken sich Hinterteile hin, fliegen Steine entgegen. Den Kameras und später uns zu Hause im Wohnzimmersessel rufen die Stimmen »action« zu. Rauchschwaden, Stimmen, Kinder, Fäuste – alles ballt sich zusammen. Funken springen über – Soldatengewehre zeigen in die Luft – Schüsse, Schreie.

Eine Mutter trägt ihr Kind im Zeitlupentempo am Panzer vorbei. Hinter ihr schließt sich die Front endgültig. Schlagstöcke in braunen Uniformen, Flüstertüten in Afrikaans auf der einen Seite – »freedom« aus Kindermund, Steine aus Kinderhänden. Dann verknäult sich alles zu Kriegsgewirr. Braune Uniformen rollen in grünen Panzern an. Schwarze Kinder stecken schwarze Reifen in Brand. Schwarz-weiße Palästinensertücher schützen nicht und werden von weißen Soldaten abgeführt. Graue Bretter, rostbraune Schubkarren, silbrige Autos – alles versinkt in gewaltigem goldgelbem Reifenfeuer, und eine kleine schwarze Brust in einem rosa T-Shirt versinkt daneben still und leise in rotem Blut.

Noch bis zur Dämmerung: »*Viva, viva, ANC...*« Schüsse. »*Amandla – power.*« Tränengas. »*Nkosi Sikelel'i Afrika*« – Freiheit für Afrika. Dann ist alles vorbei.

Die Panzer dösen am Rand und gehorchen ihren weißen Herren. Schwarze Kinder und Männer knien um eine kleine Blechwanne und waschen sich das Blut ab wie nach getaner Arbeit. Auf den Wegen um sie herum schlafen Steine friedlich neben Patronenhülsen. Verwundetenkarawanen verschwinden hinter den Wellblechhütten, und auch die Rauchschwaden ziehen sich langsam in die Asche zurück, geben die Sicht frei auf die »Sicherheitslampen«. Sie wachen über der kleinen schwarzen Alexandra hell und hochgewachsen wie der große weiße Bruder. Wenn sie artig ist, wird ihr in dieser Nacht wohl nichts mehr passieren.

»Es ist so fürchterlich, mit ansehen zu müssen, wie die eigenen Kinder zu Analphabeten und wilden Tieren werden. Aber was bleibt ihnen schon anderes übrig? Wie sollen sie eine anständige Moral kriegen, wenn sie nie anständig behandelt wurden? Wir können ihnen nichts geben, uns kaum um sie kümmern, sie nichts lehren und ihnen nichts kaufen. Die Regierung weiß das zu verhindern.« Das Schicksal dieser Mutter ist Alltag in Alex.

Wer mit den Kindern über Lernen und Studieren reden will, der stößt auf taube Ohren. Während der Unruhen waren die Schulbänke in Alexandra bis auf knapp ein Prozent leer. Der Schulboykott war eine der entscheidenden Plattformen für den Kampf gegen das System. Noch heute erinnern die zerschlagenen Fenster und die verrußten Wände der verhaßten Lehranstalten an die Verweigerung der zweitklassigen, von Pretoria aufgezwungenen Ausbildung. Graffiti auf dem Mauerwerk: DER KRIEG GEHT WEITER – ANC – MICKEY MAUS STATT AFRIKAANS.

Schule bedeutet nicht nur Unterdrückung durch das Regime, sie bedeutet auch, sich damit vorerst abzufinden, weiter im Elend dahinzuvegetieren. Die meisten Kinder organisieren sich lieber schon mit zwölf, dreizehn Jahren bei den *comrades*, der politischen Opposition, um rechtzeitig für das Gefecht gegen die Apartheid präpariert zu sein. »Wenn wir sterben müssen, dann laßt uns nicht langsam sterben«, lautet einer ihrer Wahlsprüche für den Aufstand.

»Sie haben doch nur die nackten Hände, Steine und Stöcke. Sie sind mit der Frustration und Brutalität aufgewachsen, an den Anblick eines Gewehrs eher gewöhnt als an eine intakte Familie. Und bevor sie wissen, daß sie zeugen können, wissen sie längst, daß sie töten können. Wie oft haben sie ihren angeschossenen Freunden eine Kugel mit einer Rasierklinge aus dem Arm geschnitten. Und anschließend ging's weiter. Es wird wohl immer weitergehen. Wir sind machtlos, wir haben Angst vor unseren eigenen Kindern.«

»Wir sind da, um unsere Bürger zu schützen.« Nur gegen besoffene und aufrührerische Bürger hatte der Polizist Zwane was. »Früher, da wurden die Polizisten noch respektiert, aber dann . . .« Da riefen ihm diese »besoffenen Faulpelze und Drückeberger« Frechheiten zu, wenn er eine *shebeen*, eine der unzähligen illegalen Kneipen von Alex, unter die Lupe nahm: »Das ist unsere Freiheit, dies ist unsere Unabhängigkeit.« Sie stemmten ihm die Gläser mit dem billigen, aber wirkungsvollen Fusel entgegen. Sie alle und auch weniger Trinkfreudige verachteten ihn: wegen seiner kleinen Flagge in den Farben des weißen Südafrika auf dem Schreibtisch; wegen seiner Kinder, die während des Schulboykotts ihrem Papi und seinen Kollegen immer brav und folgsam die Namen ungehorsamer Klassenkameraden verraten hatten; wegen seiner »guten« Kontakte nach Pretoria. Aber er empfand das alles als seine Pflicht als verantwortungsbewußter Polizist: »Ich diene der Regierung des Tages. Wenn morgen Mandela Präsident wäre, dann würde ich eben straffällige Weiße jagen.«

Von seinem vormals luxuriösen Haus stehen nur noch die Grundmauern. Der korrupte schwarze Polizist hatte es zwar schon längst den ängstlichen Weißen gleichgetan und sich und seinen zweifelhaften Wohlstand mit Mauern, Gittern und Waffengewalt vor seinesgleichen zu schützen versucht. Zum Schluß jedoch mußte seine ganze Familie in gepanzerten Wagen abtransportiert werden. Aber ihn haben sie doch noch erwischt: Bei lebendigem Leib wurde er verbrannt, das Haus wurde zerbombt – von Kindern.

»Sie stecken dir eine Plastiktüte über den Kopf und lassen Wasser reinlaufen. Dann drücken sie den Kopf zurück. Dabei klemmen sie dir Drähte an die Hände und jagen Elektroschocks durch deinen Körper. Immer und immer wieder.«

Als Beteiligte am Polizistenmord verdächtigt, war die Siebzehnjährige von der Polizei festgenommen worden. In monatelanger Einzelhaft wurde sie so lange gefoltert, bis sie auf einer Liste ihr bekannte Namen ankreuzte. Anschließend mußte sie die Polizisten begleiten, wenn sie die Türen eintraten und in die Häuser dieser Leute einfielen. Sie hätte sie angezeigt, wurde erklärt.

Dann ist sie freigelassen worden. Im ganzen Township galt sie als Verräterin, und Verräter werden verbrannt.

Seit einem Jahr ist sie nun schon der Hetzjagd der Polizisten einerseits und aufgebrachter *comrades* andererseits ausgesetzt. Während sie erzählt, wippt sie hin und her, verkrampft die Hände und starrt zu Boden. Zwischendrin schluckt sie und fängt an zu stammeln, bis sie schließlich verstummt. Ihre Mutter erzählt weiter: »Und jede Nacht hat sie Alpträume – daß sie wiederkommen und sie holen. Am Tag sitzt sie stundenlang im Sessel und kann nicht reden und nicht lachen.« Dann fängt sich das Mädchen wieder: »Aber kämpfen kann ich noch. Unsere Zeit wird wieder kommen, und wir werden wieder kämpfen und sie besiegen.«

Im Moment scheint diese Zeit allerdings noch nicht gekommen zu sein. Fast drei Jahre Ausnahmezustand, fast drei Jahre keine Unruhen, höchstens mal ein kleines Aufmucken, wenn Angst und Haß an den alten Narben jucken. Aber auch fast drei Jahre für einen eigenartigen Integrationsprozeß. Die weiße Armee, die noch immer in Alexandra präsent ist, erlebt hier in diesen Tagen eine für Außenstehende befremdliche Blütezeit.

Eine Mauer gleich am Ende der alten Second Avenue und am Anfang vom eigentlichen Alex: Das schon leicht verblaßte *Viva ANC* ist mit einem dicken Pinselstrich durchgestrichen. Frischer und farbenfroher darunter ein neues Graffito: *Viva SADF* – Es lebe die südafrikanische Armee.

Nur ein paar Meter weiter lehnen zwei uniformierte Mitglieder dieser Armee an der Mauer. Die Sonnenbrille auf der Nase, jeder statt des Maschinengewehres eine Cola-Dose in der Hand, teilen sie ihr schattiges Plätzchen mit Zinzi, der alten Marktfrau, die ihre Brötchen aus einem kleinen Einkaufswagen verkauft.

Zinzi hatte immer so schreckliche Angst vor den jugendlichen *comrades:* »Die Armee – das sind die Engel, die uns den Frieden gebracht haben.« Zinzi ist keine Ausnahme. Offensichtlich hat sich Alex an die ständige Präsenz von braunen Uniformen und Gewehren mehr als gewöhnt. Auf die Frage nach den Soldaten erhält man im Moment fast immer die gleiche Antwort: »Es ist friedlich hier, seitdem die Armee da ist.«

Und wirklich – die Kriminalitätsrate ist so niedrig wie noch nie hier. Und wenn die jungen Männer in Uniform durch Alex schlendern, erinnern sie heute eher an die Heilsarmee: Ein kleiner Plausch über den Gartenzaun; zwei Minuten Kicken mit den fußballbesessenen Kindern; helfen, wenn der »starke Mann« gefordert ist oder ein Formular ausgefüllt werden muß. Sogar als Schlichter beim Ehestreit und als Kontrollorgan für die verwilderte Polizei treten sie neuerdings auf. Und einer ihrer tarngrünen Armeelastwagen ist umgebaut zu einem mobilen Kino. In Dutzenden versammeln sich nach Schulschluß die Kinder vor der mit einem überdimensionalen Bildschirm ausgestatteten Rückseite des Lasters und warten aufs Programm: Ernährungs- und Hygieneberatung, Sexualaufklärung und Sanierungspropaganda. Soldaten als Sozialarbeiter.

»Ich habe schon eine Menge Leute hier getroffen, die sich bei mir für unsere Arbeit bedankt haben. Das hat mich am Anfang immer völlig verwirrt. Nach allem, was die Armee im Auftrag der Regierung in den Townships schon angerichtet hat, hätten wir nichts anderes als Haß erwarten dürfen. Statt dessen bekommen wir Lächeln und Zuspruch.«

Die Gedanken der Soldaten in Alexandra sind genauso verblüffend wie die Reaktionen der Zivilisten auf sie. Die meisten der jungen Männer, die hier ihren ersten Wehrdienst oder eine der zweimonatigen Fortbildungen absolvieren, hatten vorher noch nie einen Schritt in ein schwarzes Township gewagt.

»Wäre ich doch bloß an die Grenze gegangen, da hätte ich niemals angefangen zu denken. Da hätte ich gewußt, wer der Feind ist. Eindeutige Sache. Aber hier im Township – das sind doch nicht meine Feinde.«

»Ich hatte ja keine Ahnung, was mich hier erwartet. Aber ich wollte es wissen. Ich wollte raus aus meinem weißen Ghetto. Und als ich dann endlich hier war, konnte ich es einfach nicht glauben: daß Menschen unter solchen Bedingungen leben müssen.«

»Wenn ich wieder nach Hause komme, werde ich ein Außenseiter sein. Meine Freunde werden mich nicht verstehen. Diese Regierung hat uns angst gemacht vor etwas, wovor wir überhaupt keine Angst haben müssen.«

»Gut, ich habe schon lange nicht mehr an das geglaubt, was man bei uns in der Zeitung lesen oder im Fernsehen sehen kann. Aber das hier . . . Ich hätte nie geahnt, wie ignorant wir Weißen wirklich sind. Völlig zu Unrecht halten wir die Schwarzen für aggressiv. Aber sie hätten einen verdammt guten Grund, aggressiv zu sein und uns alle in die Luft zu jagen.«

»Für mich war das eine unersetzbare Erfahrung. Ich war so unwissend wie fast alle Weißen in diesem Land. Noch nie hatte ich ihre Gebiete, noch nie eines ihrer Häuser betreten, noch nie mit ihnen über ihre Lebenssituation gesprochen. Ich habe mich schon x-mal gefragt: Warum nie vorher, warum erst als Soldat, warum nicht als Mensch? Ich weiß es nicht. Ich weiß nur, daß bei uns weißen Südafrikanern etwas völlig falsch ist, aber ich weiß nicht, woher das kommt. Nach den ersten vierzehn Tagen hier im Camp hab' ich gedacht, ich drehe durch. Ich bin zu einem der Schwarzen gegangen und habe ihm gesagt, daß ich mich schäme: ›Ich schäme mich, daß ich niemals vorher aus eigenem Antrieb zu euch gekommen bin. Ich schäme mich, daß ich erst unter diesen Umständen zu euch komme. Und ich weiß, wir gehören hier nicht als Soldaten hin, wir gehören hier als Menschen hin.‹ Auch wenn wir als Soldaten unser Bestes geben: Alexandras Probleme werden damit sowenig gelöst wie die von Südafrika.«

REVOLUTION IST EINE GROSSE UNIVERSITÄT – KRIEG IST
KOMMUNIKATION – die beiden letzten Graffiti auf der
Mauer am Ende der Second Avenue.

Davor sitzt Jimmy. Er ist blind. »Auch wenn bald
unser ganzer stinkender Sumpf in neuen Abwasserrohren
verschwindet und ganz Alex duftet wie Sandton, auch
wenn überall die Wasserspülungen rauschen und die Telefone klingeln und ich nicht mehr über die Schlaglöcher
stolpere, sondern von einem freundlichen Soldaten über
die frisch geteerte Straße begleitet werde, auch wenn
manche von uns jetzt schon nach der gleichen Seife riechen und den gleichen Akzent sprechen wie die Weißen:
Wir bleiben schwarz und dieses System ungerecht – das
muß man nicht sehen, das kann man fühlen. Genauso wie
man Freiheit nicht sehen, sondern nur fühlen kann.«

Die Katze im Sack

Wie man Terroristin wird in Südafrika

W äre damals die Katze im Sack gewesen, dann wäre ich jetzt tot und viele meiner Kameraden auch. Aber dann wäre ich wenigstens *richtig* tot. Heute ist es nur so, als ob.«

Zum ersten Mal läßt sie ihre Gefühle unter der Ist-alles-okay-Maske erkennen. Sprudelnd, lächelnd, leidenschaftlich gestikulierend hat sie tagelang von damals, von Gefängnis, Folter und Flucht erzählt, als ob es um die phantastischsten Kinderträume ginge. Daß sie wild gewesen sei, daß sie auch dem schlimmsten Sicherheitspolizisten nicht mal unter Schlägen und Demütigungen äußere Anzeichen ihres Zusammenbruchs gegönnt habe – sie lächelt. Daß sie Glück gehabt habe, nach der einjährigen Isolationshaft gleich psychiatrische Betreuung erhalten zu haben – sie lächelt. Und daß sie beim letzten Mal im Gefängnis nur hier und da geschlagen worden sei, aber nicht mehr gefoltert – immer lächelt sie mit dumpfer, völlig der Realität entrückter Zuversichtlichkeit.

Das war »damals«. Und heute? *Ideal* ist wohl nur der Name des Heizöfchens, das neben ihren Füßen vor sich hin röchelt. Es kämpft vergeblich gegen den südafrikanischen Winter und die eisige Leere des Zimmers an, in dessen hinterstem Winkel sie auf einer Holzbank – dem einzigen Möbelstück – kauert. Von der Decke baumelt eine Glühbirne, auf dem nackten Holzboden stapeln sich

Zeitungen – Stellenanzeigen: »Ich kann einfach nicht mehr. Ich brauche einen Job und ein Zuhause.«

Das hier ist nur ein Unterschlupf, die Wohnung von schwarzen Freunden, die illegal in einem weißen Arbeiterwohngebiet in Johannesburg leben. Sechs Erwachsene, zwei Zimmer – nur einer hat Arbeit. Sie nennt es ihr letztes Gefängnis. Obwohl vor Gericht freigesprochen und auch nicht offiziell gebannt, hetzt die Geheimpolizei sie seit Monaten quer durchs Land – Bombenanschläge bei Nacht, Verleumdungen bei ihren Nachbarn und eindeutige Drohungen gegen sie selbst. »Ich bin eingeschlossen in diesem Haus. Ich kann nirgendwo hingehen – nicht nach Hause, nicht nach Alexandra zu meinen Leuten. Überall sind sie schon da.«

Und wenn sie noch nicht da sind, sind es ihre Spitzel. Kaum ein Büro, ein Schalter, eine Theke am Kap, wo nicht ein systemfreundlicher Lauscher seine Ohren aufhielte. So sind auch fast alle Stellenbewerbungen von Staatsbürgern, die sich beim System unbeliebt gemacht haben, vergeblich. Selbst beim letzten Versuch – sie wollte beim internationalen Büro für Menschenrechte arbeiten – gab es eine geheimdienstliche Leckstelle. Und wieder waren sie da: »Diese Dame einzustellen könnte Ihnen Unannehmlichkeiten bringen!«

Diese »Unannehmlichkeiten« können im Südafrika des Ausnahmezustandes außerordentlich unangenehm sein. Nach neuerlicher Verschärfung der Gesetze sind während der letzten Monate schon zwei Zeitungen verboten worden, siebzehn Oppositionsgruppen und Hilfsorganisationen wurden gebannt; Unfolgsame werden laufend verhaftet. Die Notstandsgesetzgebung gibt der Geheimpolizei alle Macht.

»Ohne Job gibt's nur Mitleid und Abhängigkeit. Ich hasse Mitleid, und ich hasse Abhängigkeit. Aber ich weiß, daß ich, solange es diesen Ausnahmezustand gibt, keinen legalen Job kriegen kann. Und so treiben sie mich systematisch wieder in die Arme der Organisation, zurück ins aktive Guerilladasein.«

Zehn Jahre hat Nomsa im Untergrund gegen die Apartheid gekämpft. Die Weißen nennen sie Terroristin – die Schwarzen Freiheitskämpferin. Sie ist eine Frau – eine attraktive Frau – Ende Zwanzig; klein; ausladende, kräftige Hüften; zierlicher, mädchenhafter Oberkörper; mit großen schwarzen Augen, klaren warmen Zügen und diesem endlosen Tarnlächeln über ihren Gefühlen.

»Kaum jemand weiß, wer ich bin, wo ich herkomme, kennt meine Geschichte oder meine Gefühle.« Manchmal, wenn sogar ihre Mutter sie beim ANC-Decknamen ruft, vergißt selbst sie ihren richtigen Namen. »Ich existiere überhaupt nicht mehr. Und dabei habe ich eigentlich gar nichts zu verleugnen, zu verheimlichen oder zu bereuen. Mein ganzes Leben habe ich getan, woran ich geglaubt habe: für die Freiheit meiner Leute gekämpft.«

1976 – mehr als zweihundert tote Kinder sind auf den Straßen von Soweto zurückgeblieben. Die meisten Opfer, so zeigen die Obduktionen, sind durch Schüsse in den Rücken getötet worden, von Polizisten, denen Premierminister Vorster die Anweisung gegeben hatte, den Demonstrationszug von zehntausend schwarzen Schülern notfalls mit Gewalt aufzulösen.

Nomsa sitzt zu Hause in Port Elizabeth, am anderen Ende von Südafrika, bei ihrem Vater auf dem Schoß. Daß sie mittlerweile schon sechzehn Jahre alt ist, stört sie wenig, denn auf solch eine Gelegenheit hat sie warten müssen, seit ihr Vater fünf Jahre zuvor im Gefängnis von Robben Island inhaftiert wurde. Jetzt erzählt er von Nelson Mandela und seinen politischen Mithäftlingen, von der Revolution und von der Freiheits-Charta des African National Congress (ANC), seiner Organisation. Sie ist verboten – und er ist gebannt. Das heißt, er ist zwar aus der Haft entlassen, darf sich aber nicht mit mehr als einer

Person in einem Raum aufhalten und sein Township nicht verlassen. Vor seinem Haus und den Augen seiner Tochter lungern Tag und Nacht bewaffnete Sicherheitspolizisten herum.

Nomsas Vater ist ein gebildeter und freidenkender Mann. Familienmitglieder zu radikalisieren liegt ihm fern. »Man darf Leute nicht zwingen, man muß sie überzeugen.« An diesen Satz von ihm erinnert sie sich später oft, wenn ihre eigenen Leute versuchen, ganze Townships mit Gewalt in den Widerstand zu zwingen. »Ich mußte nicht mal mehr überzeugt werden; schon damals war mein Unrechtsbewußtsein von jahrelangen Demütigungen geschärft, der Haß auf das weiße Regime bis in den letzten Winkel meines Körpers gedrungen.«

Während ihr leiblicher Vater im Gefängnis saß, hatte Nomsa sich mit Tausenden von anderen schwarzen Jugendlichen Steve Biko zum geistigen Ziehvater auserkoren. Der selbst noch junge Steve war schon längst zum Inbegriff der schwarzen Opposition im ganzen Land geworden, und auch Nomsa hatte fast alle seine verbotenen Schriften gelesen: *Black Consciousness* – schwarzes Bewußtsein. »Ich war schwarz, schwarz, schwarz, und für Weiße war da kein Platz.«

»Du darfst nicht zwischen Schwarz und Weiß unterscheiden, du mußt zwischen Freund und Feind trennen.« Ihr Vater ist Anhänger des eher liberalen ANC-Manifests, der Freiheits-Charta: *Alle nationalen Gruppen und Rassen in Südafrika sollen den gleichen Status haben.* Mit der Zeit bringt die erneute Nähe zu ihrem heißgeliebten Vater sie wieder in Distanz zu Steve Biko und seinen vergleichsweise radikalen Theorien. Nomsa verschlingt die Freiheits-Charta wie andere Kinder Comic-Heftchen und löchert ihren Papa mit unzähligen Fragen. »Das schrille Gekicher der anderen Mädchen fand ich albern, und mit Jungs wußte ich auch nichts anderes anzufangen, als mit ihnen über Politik zu diskutieren.« In die Fußstapfen ihres gebannten Vaters zu treten und den Weißen klarzumachen, daß das Land allen gehört, die auf ihm leben, empfindet die kleine Altkluge mit den großen Zahnlücken als faszinierende Aufgabe.

Die Pressezensur funktioniert nur oberflächlich. Der blutige Soweto-Aufstand hat sich wie ein Feuer übers ganze Land verbreitet. Daß es schon über vierhundert Tote gegeben hat, pfeifen die Spatzen von den Township-Dächern. Aber die Einschüchterungspropaganda von Polizeiminister Jimmy Kruger will nicht fruchten: »Nach dreihundert Jahren kennen sich Schwarze und Weiße in Südafrika. Der Schwarze weiß, wo sein Platz ist, und wenn nicht, so werde ich ihm seinen Platz schon zeigen.«

Nomsa ist Anführerin an ihrer Schule geworden. Genausowenig wie die Jugendlichen in Soweto will sie sich von Premierminister Vorster die »Unterdrückersprache« Afrikaans ins Schulheft zwingen lassen. »Wir müssen uns solidarisch zeigen mit unseren Kameraden«, bleut sie in der Aula ihrer Oberschule den schwarzen Mitschülern ein. »Wir müssen mit unseren Lehrern reden. Sie dürfen sich das nicht gefallen lassen – genausowenig wie wir. Laßt uns Plakate malen und heute auf den Straßen und in den anderen Schulen demonstrieren.«

Ein hysterischer Direktor kommt im Lehrertroß hereingestürmt und droht mit Schulverweis. Seine Schüler stimmen *Nkosi Sikelel'i Afrika*, die schwarze Nationalhymne, an. »Wir wollten keine Gewalt, wir wollten uns nur Gehör verschaffen.« Vom Geschrei des Direktors bleibt nichts als leere Lippenbewegungen, bis plötzlich die Fensterscheiben der Aula rundum in tausend Scherben zerspringen. Helme, Schlagstöcke, Uniformen und Gummigeschosse wirbeln durch die Luft. In wenigen Minuten hat die Polizei die (noch) unerfahrene Kindermeute in alle Himmelsrichtungen zerschlagen.

»Und beim nächsten Mal schlagen wir zurück. Wenn sie nicht mal den Versuch unternehmen, mit uns zu reden, uns zuzuhören ...« Solidaritätsrausch, ein Gefühl von Stärke, Euphorie und Steine in den Taschen ersticken trotz Unerfahrenheit alle Ängste im Keim. »Angst habe ich erst heute. Damals waren wir wild und naiv, wollten mal sehen, was passiert, was wir bewirken können. Dabei hat keiner nachgedacht über irgendwelche Konsequenzen – viel lieber schaukelten wir uns in Träume von Revolution und Freiheit.«

Beim nächsten Mal schlagen sie dann auch tatsächlich zurück, werfen mit Steinen und ducken sich hinter eisernen Mülltonnendeckeln vor den Gummigeschossen weg. Der schwarze Direktor verweigert sich jeglicher Diskussion und ruft bei Schülerversammlungen sofort die Polizei. Die Schüler boykottieren den Unterricht. Die Anführer – unter ihnen auch Nomsa – werden der Schule verwiesen. Andere Schulen ziehen nach. Die Demonstrationszüge werden immer größer – die Gewalt auch: Straßenschlachten, Polizeirazzien, statt Gummigeschossen harte Munition, die ersten Kinder sterben, andere werden verhaftet. »Es klingt absurd, aber unser Leben spielte überhaupt keine Rolle mehr für uns. Unser Wertesystem war total gestört. Wir waren im Fieber – nicht mehr zu bremsen. Die ganzen angestauten Aggressionen der letzten Jahre entluden sich.«

1977 – Steve Biko wird verhaftet. Die Nachricht verbreitet sich unter seinen jugendlichen Anhängern wie ein Lauffeuer. Nomsa ist mittlerweile in einer anderen Schule illegal untergekommen. Ohne Wissen des Direktors hat ein »aktiver« Lehrer sie dort eingeschleust. Er muß nach der Verhaftung von Biko untertauchen. Er flüchtet nach Lesotho. Mit ihm muß auch Nomsa die Schule wieder verlassen. Mit einigen anderen Jugendlichen initiiert sie eine Versammlung für Steve Biko. »Sie ließen uns nur eine halbe Stunde Zeit. Dann schlugen sie alles kurz und klein, droschen mit Knüppeln auf uns ein und schossen im Tränengasnebel wild durch die Gegend. Alle Jungs wurden verhaftet. Die Mädchen gingen grün und blau geschlagen nach Hause. Diese Invasion gegen ein paar Dutzend Kinder machte uns endgültig klar: Auf Worte reagieren sie nicht, Gespräche wollen sie nicht – also laßt uns auf ihre Methoden eingehen.«

Mittlerweile ist es dunkel im Township. Trotz blauer Flecke und Wunden haben sich die Mädchen schon wieder versammelt, und mittlerweile wissen sie auch, wer ihre Zusammenkunft am Morgen verraten hat: der Schuldirektor. Die Buschtrommeln im Township lassen nicht den geringsten Zweifel daran. »Mein Vater versuchte noch, mich erst mal wieder zum Denken zu bringen. Aber wir waren so in Rage, daß selbst er uns nicht zurückhalten konnte.«

Eine Handvoll Mädchen – nicht älter als siebzehn – marschiert im Schutz der Dunkelheit zum Haus des Schuldirektors. Mit dabei: Steine, Steichhölzer und Benzinkanister. Die ersten Scheiben gehen zu Bruch. Der Direktor flieht durch die Hintertür. Sein Sohn, selbst ein »Aktiver«, schlägt sich zu den Mädchen und überzeugt sie, das Haus nicht anzustecken, anders vorzugehen, da sonst auch die unmittelbar angrenzenden Nachbarhäuser mit dran glauben müßten.

Nach einer halben Stunde ist alles kurz und klein geschlagen beim Schuldirektor. Ein Sprechchor kleiner Mädchen zieht vom Schlachtfeld: »*The sellouts will never see Azania . . .*« – Die Verräter werden niemals das vereinte, freie Afrika erleben. Zusammen mit seinem Sohn zerren sie zum Abschluß das Auto des Direktors auf die Straße – es brennt lichterloh. Vom fanatischen Machtgefühl total besoffen und von Aggressionen aufgepeitscht, ist die Meute aber noch nicht satt: In dieser Nacht gehen mehrere »Verräterhäuser« und »Verräterautos« in Flammen auf.

»Zu Hause bei meinem Vater wurde mir erst klar, daß

wir die Grenze überschritten hatten, daß wir von nun an ernsthaft verfolgt würden. Aber erstaunlicherweise löste auch das damals noch keine Angst bei mir aus, sondern das Bewußtsein, von nun an auf einem Weg – auf dem richtigen – zu sein, auf dem ich nicht mehr umkehren konnte und wollte. Ich hatte schon zu viele Diskussionen geführt, zu viele Bücher gelesen, als daß ich noch hätte stillhalten können. Und ich machte meinem Vater klar, daß ich gehen müsse, wenn ich wirklich was erreichen wollte.«

Wie so viele andere Mütter im Township wußte auch Nomsas Mutter nicht mehr, was eigentlich in diesem fanatischen Wesen, das einmal ihre Tochter gewesen war, vorging. Sie heulte und jammerte und flehte ihren Mann an, sie doch zurückzuhalten. Er ließ sie gehen. »Die Zeit der Gummigeschosse ist vorbei. Also kannst du auch nicht mehr nur mit Steinen schmeißen.« Er wußte genau, was seine Tochter im Sinn hatte. Und noch in der gleichen Nacht machte sich die siebzehnjährige Nomsa mit drei anderen Mädchen auf den Weg ins Exil, den seit den ersten Soweto-Unruhen schon Hunderte von jungen Schwarzen genommen hatten, um sich an »sozialistischen« Waffen und Gewehren ausbilden zu lassen.

Steve Biko stirbt unter der Folter im Gefängnis. Nomsa wird mittlerweile von der Polizei in Südafrika gesucht. Einer ihrer Freunde, gerade 21 Jahre alt, bekommt 59 Jahre Robben Island wegen Hochverrats und terroristischer Umtriebe. »Wir müssen in Südafrika kämpfen und nirgendwo anders!« – mit diesen Worten hatte er sich geweigert, mit den anderen zu fliehen.

»Wenn ich mir heute überlege, was für naive Babys wir gewesen sind. Das Land wollten wir befreien. Revolution! Was die in Mosambik und Angola können, können wir allemal – mit diesen Gedanken haben wir unsere grundlose Euphorie immer wieder stimuliert. Mal eben drei Monate ins Trainingscamp – eine AK 47* unterm Arm – und los nach Hause, schnell mal Revolution machen.« Nomsa lächelt wieder. »Aber wenn ich mir's im nachhin ein so überlege: Wären wir nicht so unerfahren und verrückt gewesen, hätten wir die Dimensionen und Gefahren überschaut – wir hätten uns niemals auf all das eingelassen und noch hundertmal weniger bewirkt.«

In Europa ist Weihnachtszeit. Über Südafrika brennt die Sommersonne. Nomsa hat ein paar Monate »ANC-Grundschule« in Lesotho hinter sich, ein paar neue Zähne im Mund, im Kopf die Codeworte für den Grenzübertritt und auf dem Kopf ein rotes Barett. Mit drei anderen Mädchen und sechzehn jungen Männern steuert sie, nur die Kleider am Leibe, zu Fuß auf die Grenze von Swasiland zu. Eine umherwandernde Gruppe Halbwüchsiger mit Gepäck könnte auffallen. Und viele der arbeitslosen Schwarzen im öden Grenzland zwischen Südafrika und dem Königreich zögern nicht mehr, für ein paar Rand die Polizei auf »verdächtige« Fremde hinzuweisen. Terroristenfang ist eine beliebte Nebenbeschäftigung geworden.
Kaum einer aus der Gruppe kann noch ein Bein gerade vor das andere setzen, so geschunden sind die Füße von der langen Wanderung. Aber sie müssen es bis zur Dunkelheit bis zur Grenze schaffen, das haben ihnen ihre Führer eingebleut. Nur nachts könne man den Weg nach Swasiland wagen. »Wir jammerten uns zwar gegenseitig die Ohren voll, aber was waren schon ein paar Blasen an den Füßen gegen die großartige Revolution, die uns schon bald bevorstehen sollte.«
Nach geglücktem Grenzübertritt und Codewortaustausch ist es allerdings nur ein allgemeines Grinsen, das die Gruppe in Swasiland erntet. Kaum im ANC-Unterschlupf angekommen, fühlen sich die Flüchtlinge in

* AK 47: russisches Maschinengewehr

119

Sachen Revolution bemüßigt, auf die müde Revolutions-
moral im Lager aufmerksam zu machen: »Zu Hause sterben die Leute, und ihr sitzt hier rum. Statt die unbeteilig-
ten Kriegsbeobachter zu spielen, solltet ihr lieber die
Gewehre nehmen und mit uns in Südafrika für eure Leute
und die Revolution kämpfen.«

»Und was ist nach dieser Revolution?«

»Dann sind wir frei!«

»Und dann?«

Nomsa lacht: »Natürlich wußten wir keine Antwort.«
Freiheits-Charta rauf und Freiheits-Charta runter –
damit werden die Minirevoluzzer noch ein paar Tage in
Swasiland beschäftigt, bevor man sie bei Nacht und
Nebel über die Grenze nach Mosambik bringt, von da aus
mit dem Flugzeug in die angolanische Hauptstadt Luanda
und schließlich im Konvoi ins ANC-Trainingscamp im
Busch. Dort herrscht Hochbetrieb: 576 Männer und
zwanzig Frauen. Jede Woche ein, zwei Lastwagen voll
oppositioneller Flüchtlinge aus dem von Unruhen über-
kochenden Südafrika.

Mitten in der südangolanischen Halbwüste, nahe
Novokateng, hinter dichtem Buschfeld verborgen, liegt
das mit Schützengräben und unterirdischen Höhlenver-
stecken umgebene Zeltlager. Bei der Ankunft im Camp
johlen die Neuen: »AK 47, AK 47, AK 47 . . .« Kein
Mensch hört ihnen zu. Es ist Monatsende – Zeit für die
allmonatliche Massengeburtstagsfeier, den einzigen
Höhepunkt im monotonen, harten Campleben. »Alle
waren mit ›Solidarität‹ beschäftigt, so hießen die üppigen
und unzähligen Nachschläge bei derartigen Völlereien am
Abend. Statt zackige Kriegsmärsche zu schmettern, flöte-
ten unsere Vorgänger kleine, nette Geburtstagsständchen
am Lagerfeuer. Eine Horde Schwarzer Arm in Arm unter
dem Sternenhimmel Afrikas – das hatte was Romanti-
sches, aber bestimmt nichts Revolutionäres. Wir waren
völlig verdutzt.«

Nachdem keiner aus der feucht-fröhlichen Geburtstagsrunde ihr AK-47-Kriegsgeschrei erhört hat, nehmen
die Truppenküken ihre neuen Uniformen und legen sich
in den ihnen zugeteilten Baracken zum Schlafen. Aber
auch die erste Nacht nimmt nicht den erhofft revolutionären Verlauf. Nomsa wacht plötzlich auf: »Es kribbelte so
seltsam an meinen Oberschenkeln. Und als ich die Augen
aufmachte, konnte ich die Umrisse eines Mannes erkennen, der sich an meinen Beinen zu schaffen machte.« So
schnell auch die anderen von ihrem Geschrei zusammenlaufen, der lüsterne Unbekannte ist schon verschwunden.
»Ach, das ist der ›Bürstenmann‹. Der ist nicht zu fassen,
aber ansonsten harmlos. Dem reicht es schon, wenn er
sich nachts zum Frauenbeine-›Bürsten‹ ranschleichen
kann.« Bei einem Männer-Frauen-Verhältnis von dreißig
zu eins und Todesstrafe auf Vergewaltigung – dem einzigen Vergehen, das im Camp so drakonisch geahndet wird
– treiben die Gelüste in der monatelangen Abgeschiedenheit von jeglicher Zivilisation seltsame Blüten: »Es verging kein Abend, wo sich nicht lange Männerschlangen
vor unseren Baracken bildeten. Die Komplimente,
Liebeserklärungen und Heiratsanträge wurden immer
blumiger und ausgefallener, je mehr Angebot und Nachfrage auseinanderklafften. Aber wir wußten, daß wir
standhaft bleiben mußten, sonst hätte es Mord und Totschlag im Camp gegeben.«
Wochen später wird der »Bürstenmann« endlich
erwischt: ein dünnes altes Männlein. Die Frauen entscheiden einhellig gegen den Willen der Männer, daß er nicht
ernsthaft bestraft werden soll.

»AK 47? Ihr wißt ja nicht mal, wofür ihr eigentlich
kämpft, geschweige denn, wie man eine Regierung, wie
gar die südafrikanische stürzt. Also setzt euch hin und
lernt Politik. Und wenn ihr das begriffen habt, dann dürft
ihr euch eine AK 47 mal ansehen.«

Die kubanischen Ausbilder haben schon Übung mit von falschem Übereifer getriebenen Neuankömmlingen. Am Morgen bei der Einführung geschieht nichts anderes, als daß Stundenpläne für die kommenden Wochen verteilt werden. Die kriegslustigen Kinder müssen zurück auf die Schulbänke und ansonsten der militärisch strengen Disziplin gehorchen: Fünf Uhr morgens aufstehen, dreimal am Tag Training – Kraftübungen, Selbstverteidigung –, Taktik, Topographie, Landerkundung, theoretische Waffenschulung, Mittagsschlaf, früh ins Bett und vor allem politische Vorlesungen. »Ich traute meinen Ohren nicht: ›Südafrika gehört allen Menschen, die auf seinem Boden leben, ob schwarz oder weiß. Die Weißen sind nicht eure Feinde, sondern die Regierung und ihre uniformierten Marionetten.‹ Sie predigten uns genau das gleichen wie schon damals mein Vater.«

Monate militärischen Drillalltags, Lesungen aus sozialistischen und kommunistischen Schriften, die ersten Schießübungen und – dank ihrer ständigen Aufmüpfigkeit und Quertreiberei – auch etliche Maßregelungen hat Nomsa schon hinter sich gebracht. Auch wenn fast jeder in der Truppe ihren Vater kennt und verehrt – Nomsa muß trotzdem immer mal wieder die im Camp übliche Strafe für Ungehorsam absolvieren: Müllgruben ausheben unter der glühenden Hitze der nordangolanischen Halbwüste. »Wochenlang schaufeln ohne Unterbrechung, das war die reinste Knochenarbeit und schlimmer als Schläge. Unser Kommandant zog mich manchmal auf: Solange wir Leute wie Nomsa hier haben, wird es keine Probleme mit herumliegendem Müll geben.«

Auch ihre ersten Begegnungen mit der heißersehnten AK 47 sind alles andere als heldenhafte Meilensteine in der Campgeschichte: »Ich war so klein und mickrig, daß ich vom Rückschlag umgefallen bin. Und so mußte ich eine ganze Weile mit einem kleineren Gewehr üben. Wer den Schaden hat, braucht für den Spott nicht zu sorgen.

Ich bin fast geplatzt vor Wut und habe trainiert, trainiert, trainiert und regelrecht gefressen. Ich wurde immer fitter und fetter: 74 Kilo aus ›Solidarität‹ und kräftigen Muskeln. Aber dafür gab's dann auch endlich verantwortungsvolle Aufgaben . . .«

Im Halbschlaf dösend, schiebt Nomsa zum ersten Mal Nachtwache. Plötzlich Geräusche. Sofort spannt sich ihr Körper unter ängstlicher Aufregung. Eine große schwarze Gestalt schiebt sich neben ihr durchs Dickicht. Der erste Ernstfall. Sie legt ihre AK 47 an und wird so lange vom Rückschlag durchgeschüttelt, bis das Magazin leer ist.

»Das ganze Camp schoß aus dem Schlaf hoch. Alle packten ihre Gewehre und rannten zusammen, um den offensichtlichen Feindangriff in letzter Minute noch abwehren zu können. Da stand ich, zitternd, immer noch das Gewehr im Anschlag – und neben mir lag ein toter Pavian.«

Es bleibt nicht viel Zeit, um die Paviangeschichte mit Schadenfreude breitzutreten. Die ANC-Geheimdienstleute haben Informationen über einen geplanten Angriff der südafrikanischen Armee auf das Camp erhalten. Mit Proviant und allen nur erdenklichen Waffen ausgestattet, verschwindet die komplette Kompanie in den Bunkern rund ums Lager. Nur einer wird zur Flugabwehr am Raketenabschußstand postiert. »Zwar hat ihre Bodentruppe alles im Camp kurz und klein geschlagen oder in die Luft gesprengt, aber sie haben keinen von uns erwischt. Dafür hat der Junge am Raketenabschuß zwei von ihren Fliegern runtergeholt. Er war anschließend völlig durchgedreht und mußte einige Zeit in eine psychiatrische Klinik. Ein Schwarzer ganz allein erfolgreich gegen eine südafrikanische Spezialtruppe – das war zuviel für ihn.«

Zwölf tote Soldaten kostete die Invasion die südafrikanische Armee. Als Beweis für die Attacke gegen den

ANC-Stützpunkt werden sie dem Internationalen Roten Kreuz zum Rücktransport in die Kaprepublik übergeben.

Nomsas militärische Ausbildung ist damit nach knapp einem Jahr vorerst beendet. »Ich hatte mich ziemlich verändert in dieser Zeit, und ich hatte unendlich viel gelernt. Heute kann mir in Sachen Politik so schnell keiner mehr was erzählen. Wichtig war aber vor allem, daß ich erwachsen geworden war. Meine albernen AK-47-Gelüste waren gänzlich verflogen, und meine Kommandeure meinten, ich sei von meinen Veranlagungen her viel eher ein Diplomat als ein Soldat und dementsprechend müsse ich auch innerhalb der Organisation eingesetzt werden.«

Es wäre voreilig verschossenes Pulver, frisch ausgebildete Freiheitskämpfer gleich wieder zurück nach Südafrika zu schicken, das weiß auch die Organisation. Solche hochqualifizierten Leute werden erst für besondere Einsätze zurückgerufen. So bleibt Nomsa 1978 und die nächsten Jahre im Exil, arbeitet in Angola in der ANC-Sicherheitsabteilung, in Sambia in der ANC-Frauenorganisation, in Ostafrika in der internationalen Öffentlichkeitsabteilung und der Propagandadruckerei. »Wir sind strukturiert wie jede andere politische Organisation auch: Da ist unser militärischer Kern ›Umkonto we Sizwe‹*, auch MK genannt. Nelson Mandela hat den MK Anfang der sechziger Jahre aufgebaut. Natürlich gehört dazu auch ein Geheimdienst, bei dem ich lange gearbeitet habe. Und mittlerweile gibt's eben auch eine Schüler- und Studentenorganisation. Die Jugendlichen werden vollkommen aus allen Aktivitäten rausgehalten, können aber an unserem ›Freiheits-College‹ in Ostafrika Schulungen besuchen. Dazwischen – auch wie überall sonst – Gruppen und Grüppchen, in denen die südafrikanische Opposition unterstützt und aufgefangen wird.«

* Umkonto we Sizwe: Speer der Nation

Nachdem Nomsa fast alle Abteilungen durchlaufen hat, wird sie schließlich noch ein halbes Jahr in die DDR geschickt, bevor man sie nach fünf Jahren Exil zurück nach Lesotho ruft. »Nach der langen Zeit hatte ich total vergessen, warum ich eigentlich ins Exil gegangen war. Kein bewaffneter Aufstand, der bisher von mir organisiert worden war. Keine Bombe, die ich je gelegt hatte, und auch kein Attentat. Ich war im Lauf der Zeit ein Reden schwingender und Dokumentationen schreibender Schreibtischtäter geworden, nur damit beschäftigt, internationale Unterstützung für unsere Sache zu organisieren.«

Erst zurück in Lesotho – ihrem Zuhause so nah – wird Nomsa von der Realität wieder eingeholt. »Hallo, Mama – ich bin's . . .« Nach fünf Jahren ohne jedes Lebenszeichen von ihrer Tochter erkennt Nomsas Mutter sie am Telefon nicht. »Ich hängte einfach ein. Mir war so hundeelend zumute, und ich fühlte mich so schrecklich allein. Was hatte dieses ganze Exil eigentlich gebracht? Ich war vollkommen leer und fing einfach an zu heulen.«

Ein paar Stunden später hat sie sich wieder beruhigt. Sie weiß, daß das mal kommen mußte. Alle anderen hatten diese Phase schon im Camp oder in irgendeinem Unterschlupf irgendwo in Afrika gehabt. Sie ruft noch mal zu Hause an. Mittlerweile steht schon die ganze Familie am Telefon, und zusammen mit ihrem Vater plant sie ein Treffen in Lesotho.

Ihre Eltern haben keine Pässe, um über die Grenze zu gehen. Wegen der besonderen Umstände entscheidet sich ihr Vater schweren Herzens, seinen regierungsfreundlichen Bruder Sibukwe in der Verwaltung um Hilfe zu bitten. Nomsa liege in einem Krankenhaus in Lesotho und er müsse sie besuchen. »›Geh zur Dienststelle und sag einfach, Sibukwe hat gesagt . . ., dann funktioniert schon alles ohne Probleme.‹ Mein Onkel war solch ein korrupter, arroganter Kotzbrocken. Aber es klappte:

›Sibukwe hat gesagt‹, und schon hatten meine Eltern funkelnagelneue Pässe.«

Beim Wiedersehen in einem anonymen weißgetünchten Krankenhauswartezimmer in Maseru erzählt Nomsa ihren Eltern das Nötigste aus den vergangenen Jahren, um sie nicht mit zuviel Wissen in unnötige Gefahr zu bringen. Auch ihr Vater ist mittlerweile wieder in den Führungskadern der schwarzen Opposition am Kap aktiv und damit ständig mit einem Bein im Gefängnis. Aber sie vereinbaren, von nun an in ständigem Kontakt zu bleiben. »Hier in Lesotho kann mir leicht was passieren. Wenn ich mich 24 Stunden nach der jeweiligen Vereinbarung nicht melde, dann ist irgend etwas faul, und du mußt was unternehmen.« Daß ihr diese Abmachung bald das Leben retten soll, ahnt sie noch nicht.

Die Polizei hat schon das Haus umstellt, als Nomsas Eltern zurück nach Südafrika kommen. Wieder mal hat es undichte Stellen gegeben, und noch immer ist der Geheimdienst auf der Suche nach ihrer Tochter. Nicht der kleinste Winkel im Haus, den sie nicht durchforsten – ohne Erfolg. Und auch aus Nomsas Eltern bekommen sie die erhofften Informationen nicht heraus. »Die beiden hatten damals schon genug Erfahrung im Umgang mit Sicherheitspolizisten, als daß ich mir hätte ernsthafte Sorgen machen müssen.« Nach ein paar Tagen stellt die Polizei das Verhör tatsächlich ein.

»Radikalität ist eine Reaktion und nicht das, was man irgendwann mal geplant hat. Das hab' ich erst damals in Maseru so richtig kapiert.«

Dezember 1982 – die südafrikanische Sicherheitspolizei startet eine Großrazzia gegen ANC-Leute in Lesothos Hauptstadt Maseru. Nomsa, die von dort aus gerade schwarze Arbeitergruppen organisiert, hat erst ein paar Tage vorher die Unterkunft gewechselt – aus Sicherheitsgründen: Die Gerüchte um eine mögliche Attacke der

Südafrikaner hatten sich während der letzten Wochen verdichtet.

»Gerade hatte ich meinen Freund kennengelernt. Den, den sie hinterher vor meinen Augen umgebracht haben. Er war, als das Ganze passierte, in einer Geheimmission für ein paar Tage unterwegs und hatten mir geraten, lieber in einer unverdächtigen Wohnung von Freunden unterzutauchen. Ich lag im Bett, als plötzlich um ein Uhr nachts die ersten Schüsse fielen.«

Lang genug auf solche Situationen trainiert, springt Nomsa hoch und rennt zum Nachbarzimmer, in dem zwei andere *comrades* schlafen. »Wir wußten, es ging gegen uns. Schon seit Monaten hatte die südafrikanische Regierung die Schraube immer enger angezogen, ihre Maßnahmen gegen die Opposition verschärft und die Homelandführer weiter unter Druck gesetzt. Jedes schwarze Räuspern war schon Terrorismus und dementsprechend zu bestrafen.«

Die ganze Stadt liegt innerhalb weniger Minuten unter einem Kugelhagel. Vier Helikopter kreisen wie patronenspeiende Leuchtbälle durch die Luft. Wie aus dem Nichts schieben sich auf einmal Panzer durch die Dunkelheit der eben noch leeren Straßen. Kugelhagel, Helikopter, Panzer – alle haben das gleiche Ziel: *Moskau* und *Kuba*. Bis vor wenigen Tagen hätten sie dort auch noch Nomsa und ihre beiden *comrades* gefunden. Aber dank ihrer glücklichen Vorahnung, die sie veranlaßt hatte, den Unterschlupf zu wechseln, können die drei gleich nach den ersten Schüssen aus ihrer neuen, dem südafrikanischen Geheimdienst noch unbekannten Wohnung flüchten. Jetzt liegen sie hoch oben im schützenden Dickicht der Hügel um Maseru und beobachten das blutige Spektakel unter ihnen in *Moskau* und *Kuba*, den beiden Hauptstützpunkten des ANC in Lesotho. »Ununterbrochenes Zischen, Rattern und Dröhnen von Schüssen, Maschinengewehren und Handgranaten. Dann ein dumpfer

Knall – und *Kuba*, unser Auffanglager für Flüchtlinge aus Südafrika, ging in die Luft.«

Zwei Stunden dauert die Attacke, dann geht auch der Stützpunkt *Moskau* in Flammen auf. Bis auf David, der das Waffenlager bewacht und mit seinen Verteidigungsversuchen das Ganze in die Länge zieht, sind alle ANC-Leute unbewaffnete, leichte Beute. Um vier Uhr morgens, als nicht mehr das leiseste Wimmern zu hören ist, ziehen die Truppen wieder ab. Ihr Angriff war erfolgreich: 42 Tote, darunter dreißig ANC-Aktivisten. Die zwölf anderen – unbeteiligte Leute aus Lesotho – sind »in die Schußlinie« geraten.

»So viele von uns auf einmal haben sie noch nie gekriegt, aber auch noch nie so viele bis dato völlig Unbeteiligte für uns organisiert.« Nach dieser Razzia sind zahllose bis dahin unpolitische Bauern in den kargen Bergen von Lesotho zu ANC-Anhängern geworden. Und so wird das Begräbnis der Opfer zwei Tage später auch zu einer politischen Massendemonstration mit Tausenden von Menschen.

Der ANC-Führer Oliver Tambo höchstpersönlich hält die Grabrede: »Die Buren brüsten sich und behaupten, sie hätten nur Terroristen umgebracht. Sie vergessen, daß dann jeder Schwarze in Südafrika ein Terrorist ist... Also entscheidet selbst, ob ihr gegen diese Regierung kämpfen oder euch auf ihre Seite schlagen wollt.«

Tambo hat erreicht, was er wollte: Überall entflammen politische Diskussionen noch während des Begräbnisses. »Meiner Meinung nach wurde dort der Grundstein für die United Democratic Front gelegt. So viele wichtige Leute aus dem Exil oder dem Untergrund zu Hause waren gekommen und sahen sich zum ersten Mal persönlich. Die unterschiedlichsten Gruppierungen planten und knüpften Kontakte für eine zukünftige gemeinsame Arbeit in Südafrika. Und so viele waren durch die Grausamkeit des Massakers aufgerüttelt worden. Genau wie ich damals nach unserer niedergeschlagenen Biko-Versammlung konnten und wollten auch sie nicht mehr stillhalten.«

Juni 1983 – die südafrikanische Regierung übergibt der Regierung von Lesotho eine Liste mit den Namen von 68 gesuchten Terroristen – unter ihnen auch Nomsa. »In Lesotho hatten sie keine Alternative mehr. Seit der Razzia kam nichts, aber auch gar nichts mehr aus Südafrika nach Lesotho. Wirtschaftlich abhängig, wie sie waren, mußten sie spuren, sonst wäre ihnen das Wasser noch weiter abgegraben worden.«

Nomsa und die anderen der südafrikanischen Regierung bekannten Aktivisten verschwinden wieder ins nördliche Exil. Schon so lange als Terroristin gesucht, findet sie sich erst jetzt zum ersten Mal in ihrem Leben in einem bewaffneten Kampf wieder.

Im Osten von Angola liefern sich die marxistischen Guerillatruppen (FAPLA) und die von Südafrika unterstütze UNITA unter Jonas Savimbi erbitterte Kämpfe. Nomsa wird von der ANC-Führung dorthin gerufen, um Bericht zu erstatten über die Maseru-Razzia und die anschließenden politischen Entwicklungen in Lesotho. Aber kurz vor ihrer Ankunft weiten sich die angolanischen Kämpfe bis in das Gebiet des ANC-Camps aus, und ihre Leute müssen die schwer angeschlagene FAPLA im Kampf gegen die UNITA unterstützen.

»Völlig unerwartet befand ich mich mitten in einem Schlachtfeld. Jahrelang hatte ich keine Waffe mehr in der Hand gehalten. Noch nie hatte ich auf einen Menschen geschossen. Alles war anders, als ich es mir als großmäulige Siebzehnjährige vorgestellt hatte. Das waren keine Angriffsziele vor mir, sondern lebendige Menschen. Aber ich hatte keine Wahl: Wenn ich nicht schieße, dann sterbe ich – das war plötzlich meine Situation.«

Nomsa schluckt und lächelt nicht: »Ich hatte Angst. Zu

dieser Zeit wußte ich, was eine Kugel mit einem Menschen machen kann. Ich war nicht mehr jung, radikal und naiv – ich kannte die Folgen meiner Handlungen. Keine Spur mehr von ›Wenn sie mich erschießen, erschießen sie mich eben, und wenn ich sterbe, dann sterbe ich eben und kriege anschließend sogar noch ein Heldenbegräbnis.‹ Ich war noch nie Soldat gewesen. Ich war noch nie im Krieg gewesen. Ich kannte das alles nur theoretisch. Aber jetzt war es die Realität, der ich mich stellen mußte.«

Nomsa steht einem Soldaten gegenüber. Sie schießt – erschießt ihn. Von den sechs Frauen, die mit ihr in diesem Gefecht gekämpft haben, sind zwei getötet worden, eine wurde schwer verletzt und eine von ihrem eigenen Kameraden mitten auf dem Schlachtfeld vergewaltigt. Der Soldat erschießt sich danach vor den Augen der anderen selbst. Er weiß, daß er für Vergewaltigung nach militärischem Recht mit dem Tode bestraft wird.

»Die Alpträume, die ich heute fast jede Nacht habe – danach überfielen sie mich zum ersten Mal. Tagelang hab' ich mich verkrochen, bis einer meiner Vorgesetzten mir sagte: ›Du mußt wieder raus – das gleiche noch mal tun, das ist die einzige Chance, daß du drüber wegkommst.‹ Ich dachte: Hier sind alle total verrückt geworden. Deine Kameraden zählen ihre Toten wie erlegte Karnickel, und dein Kommandant rät dir, Menschen erschießen so lange zu üben, bis es dir nichts mehr ausmacht.«

Die Situation rund ums Camp verschärft sich immer mehr. Die Kämpfe gehen weiter, und Nomsa, die voll ausgebildete Kämpferin, muß sich beteiligen. Sie schießt wieder. »Es ist so absurd, aber mein Kommandant hatte recht. Man muß die Menschen zu Zielscheiben oder zu Karnickeln machen, dann hält man den Krieg durch.«

Jetzt hat sie Menschen erschießen gelernt. Jetzt könnte sie endlich eine richtige Terroristin werden. »Nach dieser Situation gab es nichts mehr, was ich nicht hätte ertragen können – bis auf die Katze im Sack – und nichts, was ich nicht hätte tun können – außer: einen Menschen einfach so erschießen. Das kann man nur, wenn man innerlich schon tot ist. Aber noch bin ich nicht ganz tot.«

1984 – Nomsas siebenjähriges Exil geht zu Ende. Die Hetzjagd auf sie zwischen Gefängnis und Untergrund beginnt. Südafrika und Mosambik unterzeichnen den Nkomati-Akkord, einen Friedensvertrag, der besagt, daß beide Seiten keine feindlichen Kräfte gegen das jeweils andere Land mehr auf ihrem Territorium dulden oder unterstützen.

Präsident Samora Machel muß sich zur Unterschrift überwinden. Er hat den endlosen blutigen Kampf gegen die portugiesischen Kolonialherrscher noch nicht vergessen. Und jetzt soll er sich in einem Vertrag mit dem Buren P. W. Botha verpflichten, die einzige noch funktionierende Oppositionsbewegung des Nachbarstaates von seinem Boden zu verdammen. Aber Machel kennt auch den katastrophalen Zustand seines Landes nach der Revolution gegen die weißen Kolonialisten. Er weiß, daß die bis dato von Südafrika unterstützten Renamo-Guerillas in diesem Zustand unbesiegbar sind. Und er weiß auch, daß er die wirtschaftliche Unterstützung des reichen Nachbarn für seine hungernde Bevölkerung braucht.

Machel hält sich an den Vertrag: Bis auf eine kleine politische Vertretung des ANC in Mosambiks Hauptstadt Maputo räumt er mit der ihm inhaltlich so nahestehenden Anti-Apartheids-Bewegung auf.

Damit hat die südafrikanische Regierung ihr Ziel, den ANC zu kastrieren, weitgehend erreicht: 1982 ein geheimes Abkommen mit Swasiland, dann die Liste der 68 Terroristen in Lesotho und jetzt der Nkomati-Vertrag mit Mosambik. Wirtschaftliche und politische Abhängigkeiten von der allmächtigen Kaprepublik haben alle gefügig gemacht.

»Die Organisation war ein einziges Chaos. Wir sind

rumgeirrt wie die gehetzten Hunde, nachdem Machel da mitgemacht hat.« Während der Unterzeichnung von Nkomati bekommt Oliver Tambo einen Herzinfarkt, und Nomsa sitzt mit ihrem Freund Bumba in Maputo. Sie sieht keine andere Chance mehr, als zusammen mit ihm den riskanten Versuch zu wagen, nach Südafrika zurückzukehren.

»Gefälschte Pässe – sozusagen unser Gnadenbrot – haben wir noch bekommen. Dann hat Machel uns endgültig zum Teufel gejagt. Auch in Swasiland an der Grenze haben sie noch ein Auge zugedrückt. Die Grenzbeamtin erkannte mich sofort. Aber statt uns auszuliefern, gab sie uns noch vierzehn Tage im Land, bevor wir auch dort verschwinden mußten. Kaum hatten wir dann einen Unterschlupf bei Freunden in einem Uniwohnheim gefunden, da schleppte mich Bumba bei Nacht und Nebel auch schon wieder weg. Gerüchte über eine Razzia. Er hatte einen siebten Sinn für so was – genau wie damals in Maseru.«

Nomsa und Bumba sind gerade unterwegs zu einem Dorf im Hinterland, als die südafrikanische Armee einen nächtlichen Überraschungsangriff auf das Unigelände von Swasiland startet. Bumba hat ihr zum zweiten Mal mit seinem »siebten Sinn« das Leben gerettet.

»Einer von uns muß überleben« – so versucht er Nomsa zu erklären, daß sie sich vorübergehend trennen müssen. Ein Spitzel hat ihn gesehen. Nomsa heult und tobt und will mit ihm gehen. Aber er zwingt sie, im Dorf auf ihn zu warten.

»So stand ich da in der Tür und schaute ihm nach. Ich wußte, die Sache ist ernst, sonst würde sich Bumba nicht so aufführen. Er ging festen Schrittes, ohne sich umzudrehen, als plötzlich fünfzig Meter hinter der Dorfgrenze ein Polizeiwagen aus dem Gebüsch raste. Bumba schlug einen Haken und fing an zu rennen. Dann dieses unverkennbare Rattern, nur wenige Sekunden. Er taumelte zu

Boden und blieb regungslos liegen. Sie hoben ihn auf und zerrten ihn in den Kombi. Das war das letzte Mal, daß ich ihn lebend gesehen habe.«

Bumba ist tot. Der ANC ist nur noch ein Chaos. Die Südafrikaner durchkämmen jeden Winkel nach ANC-Leuten. Nomsa läuft ziellos in Swasiland umher – keine Bleibe und keine *comrades*. Bei der Razzia sind auch die letzten umgekommen, festgenommen worden oder irgendwie geflüchtet.

»Tagelang war ich wieder mal nur ein Häufchen Elend. Ich lief irgendwo herum, nichts zum Anziehen, kein Geld, im Gebüsch schlafend wie ein Penner. Ich wußte einfach nicht, was ich tun sollte, und so wartete ich, daß was passieren würde. Aber es passierte nichts.«

Sie ruft ihren Vater an. Er fragt: »Wo bist du?«

»In Swasiland.«

»Bei wem?«

»Bei niemandem. Ich bin damit beschäftigt zu überleben.«

Diesmal kann er selbst kein Wagnis mehr eingehen. Er schickt Nomsas Schwester mit Geld und ein paar Sachen zum Anziehen. Sie vereinbaren regelmäßigen Telefonkontakt. Mehr können sie nicht für Nomsa tun.

So wandert Nomsa weiter ziellos durch Swasiland, bis sie zufällig in einem kleinen Laden ihren ehemaligen *comrade* Amandla trifft. »Er war total heruntergekommen und dreckig und gerade dabei, ein paar Bananen zu klauen, als ich ihn entdeckte. Es war wie Weihnachten. Wir fielen uns jubelnd in die Arme.«

Ein paar Tage später treffen sie noch einen von der alten Truppe: Isaak, einen hohen ANC-Funktionär. Auch er ist in keinem besseren Zustand. Gründlich hat die südafrikanische Geheimpolizei auch das kleinste Nest ausgeräuchert. Alle drei sehen ihre einzige Überlebenschance darin, zurück nach Hause zu den eigenen Leuten zu gehen. Isaak treibt schließlich falsche Pässe und ein Auto auf.

»Es war der reine Irrsinn. Die Südafrikaner warteten ja nur darauf, daß ein paar verschreckte ANC-Leute es über die Grenze nach Hause versuchen würden. Aber die Männer wollten es wagen, und ich wollte kein Feigling sein. Noch einmal rief ich bei meinem Vater an und vereinbarte mit ihm, mich spätestens nach 48 Stunden zu melden – diesmal aus Südafrika. Dann fuhren wir los.«

Über die Grenze schaffen sie es gerade noch. Aber schon nach hundert Metern werden sie von einer Straßensperre gestoppt und landen nach ein paar Minuten auf der Polizeiwache. Amandla hat die Daten aus seinem Paß durcheinandergebracht, und damit sind sie alle aufgeflogen. »Ich wußte sofort: Das war's dann wohl.«

Nach drei Stunden treffen Spezialeinheiten der Sicherheitspolizei ein: »Komm, du Terroristenratte. Wir werden schon alles aus dir herausholen.« Sie legen sie in Handschellen. »Es war komisch. Sie schnauzten mich an wie in einem dieser schlechten Krimis. Aber es war ja Realität, ich saß jetzt ja wirklich zum ersten Mal meinem Erzfeind gegenüber.«

Nach Anbruch der Dunkelheit wird Nomsa mit den anderen in einem Polizeiwagen nach Middelburg gebracht. Sie weiß nicht, was die beiden aussagen oder schon ausgesagt haben. Aber sie weiß, wenn auch nur einer von ihnen zugibt, ein Mitglied des ANC zu sein, dann werden alle die nächsten 24 Stunden gefoltert, ohne Rücksicht auf Verluste. Sie weiß, daß die Geheimpolizei dann mit allen Mitteln versuchen wird herauszubekommen, ob sie gerade in einer bestimmten Mission unterwegs sind, die es noch rechtzeitig zu verhindern gilt.

In Middelburg werden alle mit dem Gesicht zur Wand gestellt. Sie sollen ihre Stirn gegen das Mauerwerk drükken. »Plötzlich hatte ich keine Angst mehr. Mein Haß war stärker.« Nomsa weigert sich, den Befehlen zu gehorchen. »Ich hatte alles wieder vor Augen. Wie sie vor ein paar Wochen meinen Freund erschossen hatten. Ich war wie ausgewechselt.«

Sie hauen Nomsa mit dem Kopf gegen die Wand. »Wie heißt du? Wo kommst du her?«

Nomsa erzählt Phantasiegeschichten.

»Wie ist dein MK-Name*?«

»Mein was?«

»Dein MK-Name!«

»Ich weiß nicht, wovon Sie reden.«

»Dann werden wir dir gleich helfen, uns zu verstehen!« Sie lassen Nomsa in ein leeres Dienstzimmer bringen. Eine endlose Stunde sitzt sie dort allein.

Schon jetzt hat einer von den beiden Männern zugegeben, Mitglied des ANC zu sein.

»Ich warne dich! Entweder arbeitest du von jetzt an mit uns zusammen, oder wir werden schrecklich unangenehm . . . Also, wie ist dein MK-Name?«

»LK-Name? Ich weiß nicht, wovon Sie reden. Was ist das?«

Nomsa ist jetzt mit drei großen Buren allein im Zimmer. Einer schlägt ihr ins Gesicht. Sie hebt nur die Augenlider und starrt ihn verschwommen an. »Er haßte mich. Er fühlte sich von mir und meiner Sturheit provoziert. Das machte mich zufrieden. Plötzlich fiel mir ein Satz von Albert Luthuli ein: ›Die Weißen sehen nur die Unruhen. Ihre Reaktion: Sie verstärken die Ketten.‹«

Der verhörende Polizist befiehlt Nomsa, sich zu setzen, und macht sie mit Handschellen hinter dem Rücken am Stuhl fest. »Besser, du arbeitest jetzt mit uns zusammen.« Er grinst, zerreißt ihr die Bluse und ihr Unterhemd und faßt ihr zwischen die Beine. Der andere hält ihn zurück: »Hör auf! Da gibt's doch was Besseres für Kafferfrauen, oder?« Er läßt von ihr ab. »Ich dachte nur bei

---

* MK-Name: Deckname der ANC-Aktivisten

135

mir: Du gibst nicht auf. Sie kriegen dich nicht klein. Den Triumph gönnst du ihnen nicht.«

Die beiden anderen stellen einen Apparat auf den Schreibtisch und schließen ihr Kabel an die Brustwarzen und an die Finger. »Alle drei saßen mir gegenüber hinter dem Schreibtisch. Einer drehte am Knopf. Dann kamen diese Wellen. Ich fing an zu zittern. Was ich da gefühlt oder gedacht hab', weiß ich nicht mehr.«

Elektroschocks – so lange, bis Nomsa zusammenbricht. »Als ich wieder aufwachte, war ich klitschnaß. Sie kannten meinen Namen: ›Ja, Nomsa . . .‹ Ich ahnte, sie würden versuchen, auch den letzten Buchstaben aus mir herauszufoltern. Gott sei Dank hatten wir keine Mission, die wir hätten ausplaudern können. Auch die beiden anderen nicht. Das war unser Glück.«

»Also, Nomsa, wo wolltet ihr hin?«

»Nach Lesotho.«

»Wen wolltet ihr treffen?«

»Niemanden. Freunde.«

Sie schlagen wieder auf sie ein. »Dann kam einer mit einem nassen Kartoffelsack und steckte ihn mir über den Kopf. Wenn ich versuchte einzuatmen, bekam ich den ganzen Dreck ab und kriegte keine Luft mehr. Gleichzeitig schlugen und boxten sie überall auf mich ein, bis ich wieder ohnmächtig wurde.«

Das Ganze – mal mit Sack, mal mit Elektroschock – wiederholt sich noch fünf- oder sechsmal und dauert mit ununterbrochenen Verhören dazwischen 72 Stunden. »Als ich dann wieder aufwachte, hatte ich rasende Kopfschmerzen, und mir war ganz schwindelig. Aber ich war wie besessen. Ich wollte nicht aufgeben. Ich sagte immer wieder, daß ich nichts wüßte.«

Drei Tage lassen sie Nomsa in einer Zelle. »Ich verfiel in ein regelrechtes Koma und schlief und schlief und schlief, bis irgendwann früh am Morgen plötzlich zwei Männer in meine Zelle kamen. Ich war so verwirrt und ängstlich, daß ich aufsprang – nur Unterhosen und ein T-Shirt an – und mich zitternd in eine Ecke drückte. Ich wußte erst gar nicht, wo ich war und wer sie waren. Ohne ein Wort zu sagen, schlossen sie die Tür wieder und gingen.«

Am nächsten Morgen wird sie wieder zum Verhör geholt. Diesmal sind es zwei Neue: respekteinflößende Riesen vom Polizeihauptquartier, Spezialeinheit Terrorismusbekämpfung, eigens aus Pretoria angereist. Wegen ihrer zähen Widerstandsfähigkeit halten sie Nomsa für eine hohe ANC-Funktionärin. »Und das, obwohl ich längst all die Kilo aus dem Camp wieder verloren hatte. Ich war so klein und spindeldürr und hatte auch damals schon diese dünne, hauchige Stimme wie heute. Es war albern, aber sie glaubten, mit mir einen dicken Fisch an der Angel zu haben.«

Die beiden Hünen sind vorbereitet. Sie halten ihr ein Foto vor die Nase. »Wer ist das?«

»Ich weiß es nicht. Ich kenne diesen Jungen nicht.«

Die beiden sind noch weniger zimperlich als ihre Vorgänger. Sie schlagen gleich auf Nomsa ein. »Ich erkannte das Foto am Anfang wirklich nicht. Dieses zahnlose Wesen war ich mit fünfzehn oder sechzehn, als ich meine falschen Zähne noch nicht hatte.« Sie geben ihr Papier und Bleistift, sie soll ihre Biographie schreiben.

Sie schreibt drei Seiten. »Langsam kam es wieder in mir hoch: Du wirst nicht aufgeben. Du wirst nicht aufgeben.«

Sie zerreißen die Blätter: »Sieben Jahre im Exil und nur drei Seiten?« Sie schlagen sie wieder.

Nomsa schreibt fünf Seiten.

»Gut, wir können auch anders. Du lügst und bockst, und wie wir gehört haben, bist du diese Nacht sogar halbnackt durch die Zelle gehüpft und wolltest einen Polizisten verführen, du Biest.« Einer von beiden faßt ihr wieder zwischen die Beine. »Es war so entwürdigend. Ich fühlte mich so ohnmächtig.«

Für achtzehn Tage tritt Nomsa in Hungerstreik. Immer wieder wird sie verhört. Sie gibt ihren Widerstand nicht auf. Dann ändern sie die Methode und den Polizisten: »Bitte, nehmen Sie ihr doch die Handschellen ab. Wenn wir uns unterhalten, ist so was nicht nötig.« Colonel Burger, ein hochrangiger Polizeioffizier aus Pretoria. »Das war der geborene Diplomat. Der, der mich später für seinen Geheimdienst ›umdrehen‹ wollte. Mir war von Anfang an klar, daß das mein schlimmster Feind ist. Jetzt mußte ich meinen Grips einsetzen und nicht länger meinen Starrsinn.«

Burger sitzt ihr gelassen gegenüber: »Ich möchte dich nicht Nomsa nennen, das ist doch gar nicht dein richtiger Name. Wie nennt dich denn dein Vater?«

»Pomesa.«

»Also, Pomesa, warum siehst du mich nicht wie einen Vater, solange du in Haft bist? Ich könnte doch dein Vater sein.«

»Mein Vater ist kein Polizist.«

»Aber du mußt begreifen, Polizist ist nicht gleich Polizist. Ich bin nicht wie die anderen hier. Und im übrigen – ich habe gehört, was mit deinem Freund in Swasiland passiert ist. Das tut mir sehr leid. Aber das waren nicht wir, sondern das war die Swasi-Polizei.«

Er verhört sie nicht am ersten Tag, sondern redet über Politik – über die Veränderungen innerhalb der südafrikanischen Regierung, die sie zu schätzen wissen müsse. »Du mußt nur Geduld haben, dann ändert sich auch für dein Volk einiges.«

Erst am nächsten Tag fängt er an, sich mit ihr zu »unterhalten« – über Lesotho und daß sie selbstverständlich nicht antworten müsse, wenn sie nicht wolle. Sie sei in diesem Punkt absolut frei. »Er brach die Unterhaltung, wie er es nannte, ab, weil er nicht genügend über Lesotho wußte. Und ich glaube, das war der Grund, warum sie mich dann nach East London gebracht haben. Die Leute

138

von East London kennen sich bestens aus in Lesotho und können dementsprechend auch die richtigen Fragen stellen.«

Kein Mensch, kein Buch, keine Sonne, kein Brief – nur Verhöre. Dreizehn Monate wird Nomsa im Gefängnis von East London in Einzelhaft gehalten. »Aber ich hatte trotzdem Glück. Schließlich blieb ich am Leben, und das verdankte ich diesmal meinem Vater.«

»Wenn ich mich innerhalb von 48 Stunden nicht aus Südafrika melde, dann ist was passiert.« Das hatte sie mit ihrem Vater vor dem mißglückten Grenzübertritt vereinbart. Sie *hatte* sich innerhalb von 48 Stunden nicht gemeldet. Jetzt gab es nur eines: Wenn Nomsa im Gefängnis oder in den Händen der Polizei war, dann mußten von ihrem Verschwinden alle sofort erfahren: Oppositionszeitungen, Rechtsanwälte, Menschenrechtsorganisationen, die internationale Presse. Nur so konnte man verhindern, daß sie sich irgendwo spurlos in Nichts auflöste und nie wieder auftauchte. »Wie vielen ist es schon so ergangen: Während der Folter gehst du halt drauf, und niemand kann beweisen, daß du jemals im Gefängnis warst. Du bist eben einfach weg.«

Nachdem Nomsa nach East London verlegt worden ist, wird sie nicht mehr physisch gefoltert. »Höchstens mal ein paar Ohrfeigen hier und da. Und da ahnte ich, daß mein Vater draußen alles nur Mögliche versuchte, um meine Geschichte an die Öffentlichkeit zu bringen.«

»Höchstens mal ein paar Ohrfeigen . . .« Während der ersten drei Monate Verhöre von acht bis siebzehn Uhr – ununterbrochen, jeden Tag. Dann zurück in die Zelle. Vergilbtes Weiß an den Wänden. Auf den drei Quadratmetern Betonboden kein Bett – nur eine Matte, drei Dekken, eine Toilette und ein Waschbecken. »Es gab ein Fenster, aber man konnte nicht rausgucken. Mit dem ausgestreckten Arm konnte ich durch die Gitterstäbe hindurch schon wieder die nächste Wand erreichen. Es war so unerträglich heiß, daß ich manchmal versucht habe, die Füße oben zum Fenster rauszuhängen. Aber selbst das war verboten.«

Nach acht Monaten bekommt Nomsa eine neue Wärterin. Eine weiße Wärterin, denn jeglicher Kontakt mit Schwarzen ist ihr verboten. »Du darfst nicht zwischen Schwarz und Weiß unterscheiden, du mußt zwischen Freund und Feind trennen«, hatte ihr Vater ihr damals gepredigt. Die weiße Wärterin ist ausgebildete Sozialarbeiterin. »Klar, es gab diese Schlägertypen, aber eine ganze Reihe der Leute im Gefängnis waren ganz in Ordnung. Die hatten ja mit der Schmutzarbeit der Sicherheitspolizei gar nichts zu tun. Und so habe ich mit meiner neuen Wärterin oft über Politik diskutiert. Ich habe versucht, ihr meine Beweggründe darzulegen. Daß ich nicht das sei, was man ihr glauben zu machen versuche – sowenig, wie das politische System in Südafrika das sei, was man sie glauben zu machen versuche. Nach einiger Zeit lachten wir sogar zusammen, und ich fing an, Vertrauen zu ihr zu gewinnen.«

Nomsa bittet sie um einen Gefallen. Die Wärterin hat Angst, aber sie will darüber nachdenken. Nach einer Woche fragt sie nach: »Was soll ich für dich tun?« Nomsa bittet sie, von einer Telefonzelle aus ihre Eltern zu Hause anzurufen und ihnen mitzuteilen, wo sie ist.

Drei Wochen später bekommt sie zum ersten und zum letzten Mal während ihrer Gefangenschaft Besuch. Eine Anwältin hat eine halbe Stunde für Nomsas Eltern erkämpfen können. »Es war schrecklich. Nach den Monaten in Einzelhaft war mir alles so fremd geworden. Ich konnte nicht mit ihnen reden. Ich stotterte nur, und meine Mutter war ständig am Heulen. Aber meine Eltern wußten jetzt wenigstens, daß ich am Leben war.«

Den ganzen Trakt hat sie wieder für sich allein – Apartheid im Gefängnis: Sie ist die einzige Schwarze in der politischen Frauensektion von East London. »Ich war mittlerweile nur noch ein Knochengerüst ohne jede Kraft und Energie. Der Hungerstreik damals und die Verhör-torturen mit Haferschleim, Brot und Ersatzkaffee jetzt hatten mich physisch geschafft. Aber trotzdem war ihr Sicherheitswahn ungebrochen: Zwei Doppeltüren zwi-schen meiner Zelle und einem kleinen Vorraum und dann erst die dritte Haupttür zum Gang. Immer wieder habe ich gebettelt, doch wenigstens die Türen zum Vorraum offenzulassen – wegen der Hitze. Aber wegen des angeb-lich zu hohen Sicherheitsrisikos war auch das verboten.«

Juli 1985 – Nomsa sitzt seit einem Jahr in Isolationshaft. Draußen im weißen Südafrika schrubbt man die Swim-mingpools. Das schwarze Südafrika ist beinahe unregier-bar geworden. In den Townships wüten die Radikalen: Schwarze, die den Anweisungen der Revolutionskomi-tees nicht folgen oder gar mit den Weißen kollaborieren, werden zur Abschreckung auf offener Straße verbrannt oder zu Tode gesteinigt. Der Mob tobt. Die Gewalt hat ihren Siedepunkt erreicht.

Präsident Botha ruft den Notstand aus und gibt damit alle Macht endgültig in die Hände von Polizei und Mili-tär. Nomsa fängt an, Stimmen zu hören.

»Ich dachte, ich werde verrückt. Nachts bekam ich Tobsuchtsanfälle, während derer ich anfing, mir die Haare auszureißen und mit dem Kopf gegen die Wand zu rennen. Dann bekam ich Heulkrämpfe und rasende Kopfschmerzen. Es war, als ob mir der Schädel zersprin-gen würde.«

Einmal kommt der verhörende Polizist, Captain le Rouse, überraschend mitten in der Nacht während einer ihrer Anfälle in die Zelle. Nomsa erkennt ihn nicht mal und kann auch auf seine Fragen nicht antworten. Er läßt sie zum Psychiater bringen. »Er war ein kleiner, dickli-cher Bure, aber er haßte die Polizei. Als ich bei ihm wieder zu mir kam, redete er gerade in einem sehr harschen Ton auf meine Wachen ein. Sie sollten mir doch gefälligst die Handschellen und die Fußketten abnehmen, während er mich untersuche.«

Die Polizisten sträuben sich: »Das dürfen wir nicht. Das Sicherheitsrisiko ist zu hoch.« Erst als der Doktor sich weigert, Nomsa zu behandeln, sprechen sie mit Captain le Rouse und bekommen seine Erlaubnis.

Nomsa verbringt zwei Wochen unter starken Beruhigungsmitteln im Krankenhaus. Ständig bewacht von drei Polizisten, die sie selbst bis vor die Toilettentür begleiten. »Jedesmal bevor ich auch nur einen Schritt ins Bad tun konnte, wurde jeder Winkel dort von ihnen untersucht.«

Nomsa kann nicht mehr als drei, vier Meter aus eigener Kraft gehen. Der alte Burendoktor gibt Anweisung, sie müsse von nun an Bewegung haben und absolute Ruhe. »Sie verlegten meine Verhöre in eine Polizeistation außerhalb des Gefängnisses. Ich wurde ja sowieso nur von Geheimpolizisten verhört und betreut, die mit dem Gefängnis gar nichts zu tun hatten. Und so nahmen sie mich eben zweimal die Woche mit auf die Wache und gaben mir nach dem Verhör noch eine Stunde für ein paar Bewegungen im Dienstzimmer.«

Ein Hauch von Rechtsstaatlichkeit kommt auf: Nach über einem Jahr steht der Prozeß an.

»Unsere Verhöre drehten sich im Kreis. Ich war nicht die große Terroristin, die sie in mir gesehen hatten. All die Bombenanschläge, Morde und Sabotageakte, die sie sich erhofft hatten, hatte ich nicht verübt. Und dank Isaak, der zumindest in diesem Punkt den Mund gehalten hatte, wußten sie auch nicht, daß ich eine Menge Insiderwissen durch Bumba hatte. Und den hatten sie ja erschossen, bevor sie hätten aus ihm rausholen können, daß er einer der Entscheidungsträger war, die sie suchten. Also reduzierte sich alles darauf, daß ich die Ausbildung und die Fähigkeiten hatte. Aber das machte ihnen schon genug Kopfzerbrechen: schwarz, intelligent, geschult – ein potentieller Staatsfeind.«

Die Geheimpolizei ahnt, daß sie es vor Gericht schwerhaben wird. Deshalb soll Nomsa ihr Zeuge werden, falsche Aussagen machen und anschließend zum Polizeispitzel »umgedreht« werden. »Ich dachte mir, wenn die Richter ›ihre‹ Richter sind, kannst du sowieso nichts machen – und wenn sie es nicht sind, dann mußt du jetzt so lange nicken, bis du im Zeugenstand stehst. Und so willigte ich in alles ein.«

Vor Gericht sitzen einige *comrades* schon in der nervösen Erwartung, von einem Produkt dreizehnmonatiger Folter an den Galgen gebracht zu werden. Denn das erhofft sich Captain le Rouse, als er Nomsa als Staatszeugin auftreten läßt: ihr Widerstand in der Haft gebrochen, belastende Aussagen gegen die anderen und damit endlich die Terroristen hinter Gittern. Gleichzeitig die Zeugin lebenslang als Verräterin gebrandmarkt und vielleicht bald als gefügiger Polizeispitzel zu benutzen. Sollte sie statt dessen aber selber angeklagt werden – falls das Belastungsmaterial dazu überhaupt ausreiche –, würde sie maximal zwei Jahre bekommen. Dann wäre sie wieder frei und bei ihren Leuten als Heldin gefeiert: »Eine, die durchgehalten hat.«

Noch bevor Nomsa in den Zeugenstand tritt, bekennt sich einer der Angeklagten schuldig. Nomsa muß nur noch gegen einen zweiten aussagen. »Ich wußte durch Bumba eine Menge über ihn. Und das wußte auch er. Der Schweiß lief ihm die Stirn runter, und die ganze Zeit starrte er mich flehend an. Es war eine bedrückende, entwürdigende Situation.«

»Kennen Sie diesen Mann?«

»Ich kenne ihn von Lesotho. Er kam mit Isaak. Ich sollte mich ein paar Tage um ihn kümmern, bis er ihn wieder abholen würde. Und das tat er dann auch.«

»Wohin ging er dann?«

»Das weiß ich nicht.«

»Sie wissen doch, daß Sie verpflichtet sind, die Wahrheit zu sagen, oder?«

»Ich sage die Wahrheit.«

»Aber in Ihrem Protokoll hier steht, er habe anschließend einen Schnellkurs an der AK 47 absolviert und sei an Geheimmissionen beteiligt gewesen.«

»Daß er solch einen Schnellkurs absolviert haben soll, hat die Polizei mir befohlen zu sagen. Aber auch denen habe ich schon gesagt, daß ich mit diesem Mann nichts zu tun hatte – bis auf die Tage, an denen er bei uns gewohnt hat.«

»Jetzt hören Sie mal gut zu. Wir warnen Sie: Vor Gericht müssen Sie die Wahrheit und nichts als die Wahrheit sagen.«

»Ich sage die Wahrheit – das ist genau das, was ich tue.«

»Bei diesem Verhör, am Tonfall, an der Art, wie sie mit mir sprachen, wurde mir schnell klar, daß das nicht ›ihre‹ Staatsanwälte und Richter waren. Beim Kreuzverhör wollten sie ganz genau wissen, wer von den Polizisten was gesagt hatte. Und irgendwann ließ einer von ihnen sogar ziemlich deutlich durchblicken, daß sie zwar keine Handhabe gegen Captain le Rouse hätten, daß sie aber nun alles noch mal sehr gründlich aufrollen wollten.«

Die Gesichtszüge des Angeklagten werden deutlich entspannter. Isaak hat nichts gesagt, und Nomsa sagt auch nichts ernsthaft Belastendes gegen ihn aus. »Am Ende wurden wir beide freigesprochen.«

Doch ist sie erst mit einem Fuß aus dem Gefängnis. Es gibt noch ein letztes Treffen mit der Geheimpolizei: »Wir erwarten natürlich, daß du mit uns zusammenarbeitest. Und weil du ein kluges Mädchen bist, wirst du das ja wohl auch tun. Du weißt ja, wie leicht sich Kollaborateursgerüchte im Township verbreiten, und du weißt auch, wie schnell man wieder im Gefängnis sitzt.«

Nomsa ist still. »Ich hatte die ganze Zeit keinen Anwalt gehabt und hatte auch jetzt keinen. Dann überlegte ich einen Moment und stimmte zu.«

April 1985 – Nomsa verbringt ihre erste Nacht in Freiheit. Sie wohnt bei ihrer Schwester Pina im Johannesburger Township Alexandra. »Sie hatten es mir zwar verboten, aber ich erzählte natürlich alles meinem Vater, und der entschied, ich müsse erst mal verschwinden. Er wollte verhindern, daß ich mich, bevor er mit der Organisation und mit der Anwältin gesprochen hatte, vor irgendwelchen fanatischen *comrades* rechtfertigen mußte. Im Township wüteten die beiden schwarzen Fronten von UDF und AZAPO gegeneinander und gegen die Geheimpolizei. Außerdem wollte er mich in meinem Zustand nicht mit meinem Zuhause konfrontieren. Unser Haus war ausgebombt worden.«

Pina lebt allein mit ihrem gerade einen Monat alten Baby. Ihr Mann Popo sitzt im Gefängnis. »Ich hatte so lange kein Baby mehr im Arm gehalten. Ich nahm das Baby und wollte mit diesem kleinen, warmen Wesen im Arm einschlafen. Aber kaum lag ich auf dem Bett – ich kann es nicht beschreiben, aber ich mußte das Baby wegschubsen. Der Körperkontakt löste regelrechte Panik in mir aus.«

Erschrocken nimmt Pina das Baby zurück. Nomsa schläft erschöpft ein. Als Pina mitten in der Nacht aufstehen muß, um ihr Baby trockenzulegen, wird auch Nomsa wieder wach. Sie schreckt plötzlich hoch und geht auf ihre Schwester los: »Wer bist du? Geh weg! Mach, daß du rauskommst!« Nomsa erkennt ihre Schwester nicht. »Ich schrie sie an und suchte nach einem Gegenstand, mit dem ich mich verteidigen konnte. Pina nahm ihr Baby, rannte zur Tür und rief um Hilfe. Erst nach ein paar Minuten kam ich wieder zu mir. Ich zitterte am ganzen Körper und war schweißgebadet.«

Am nächsten Tag sitzt Nomsa regungslos am Fenster, die Sonne anstarrend und in Selbstgespräche vertieft. Ihre Schwester Pina fühlt sich der Sache nicht mehr gewachsen und kontaktiert das damals noch aktive, heute verbotene DPSC-Gefangenenhilfskomitee. Nomsa bekommt psychiatrische Betreuung und wird eine ganze Zeitlang medikamentös ruhiggestellt. Der Psychiater rät ihr, sich zu unterhalten, wieder unter Menschen zu gehen, sich aus allem vorläufig rauszuhalten und sich zu amüsieren. »Ganz langsam hab' ich das auch geschafft. Irgendwo hatte ich plötzlich die Hoffnung, vielleicht noch mal neu anzufangen mit all den Erfahrungen und dem Wissen, das ich gesammelt hatte. Schließlich war ich ja freigesprochen. Es galt nur noch, zusammen mit meinem Vater alles der Organisation gegenüber zu erklären und mich damit den Klauen der Geheimpolizei zu entziehen – dachte ich.«

Da »verschwindet« ihr Vater. Er war gerade auf dem Weg zu Nomsa, um sich mit ihr und der Anwältin zu beraten und die entsprechenden Gespräche mit der Organisation vorzubereiten, als ihn Unbekannte am Flughafen von Port Elizabeth verschleppen.

»Man mußte nur drei und drei zusammenzählen, um diesen Vorgang richtig einzuordnen: Nach Absprache mit meiner Anwältin hatte ich ihnen seit meiner Freilassung natürlich keinen einzigen ›Bericht‹ zukommen lassen. Aber noch hatte ich auch keine Gelegenheit gehabt, mich bei meinen Leuten zu rehabilitieren. Mein Vater hatte während meiner Inhaftierung alles veröffentlicht, Anwälte eingeschaltet, mich im Gefängnis besucht und vom Gefängnis abgeholt. Er war die ganze Zeit meine Stütze gewesen. Er würde auch jetzt die Möglichkeiten haben, alles ins reine zu bringen und mich ihrem Zugriff zu entziehen. Und so mußte er halt verschwinden.«

Mit dem ärztlich verordneten Amüsement ist es vorbei, bevor es überhaupt angefangen hat. Nomsa darf Alexandra nicht verlassen. Die wenigen *comrades*, die wieder Kontakt und Vertrauen zu ihr haben, warnen sie, nicht in ihren alten Kreis zurückzukehren, um nicht der Polizei gleich in die Arme zu laufen. Also übernimmt die Anwältin das öffentliche Trommeln, informiert über das Verschwinden von Nomsas Vater und sucht nach möglichen Zeugen, die ihn in irgendeinem Gefängnis gesehen haben können.

Pina nimmt ihr mittlerweile zwei Monate altes Baby und fährt nach Hause, um dort Nachforschungen über ihren Vater und ihren Mann anzustellen. Als sie ankommt, ist das Haus von der Polizei belagert – keiner darf es betreten. Und sogar ihre Mutter ist im Gefängnis. Das neue Anti-Terrorismus-Gesetz im Rahmen des Ausnahmezustandes macht all das möglich. Der polizeilichen Willkür sind Tür und Tor geöffnet: *Jeder höhere Polizeibeamte ist befugt, jedermann zu überwachen oder festzunehmen, den er im Sinne dieses Gesetzes für verdächtig hält.*

August 1985 – alles entspannt sich scheinbar: Nomsas Mutter wird freigelassen. Es gibt erste Zeugen, die ihren Vater lebend im Gefängnis gesehen haben wollen. Das Haus von Nomsas Eltern ist wieder von der Polizei freigegeben. Ihre Schwester Pina ist nach Alexandra zurückgekehrt. Und Nomsa hat auf Anraten ihrer Anwältin ein mehrtägiges Interview mit amnesty international hinter sich gebracht.

Doch die Ruhe ist trügerisch. »Pina, ihre Schwägerin und ich saßen gerade in Pinas Wohnung. Ihre Schwägerin war ziemlich durcheinander. Die Polizei hatte offensichtlich Informationen erhalten, daß ich mich bei ihr aufhielt, und so haben sie angefangen, sie zu überwachen. Und an diesem Tag war sie dann zum ersten Mal verhört worden. Wir überlegten gerade, wer mich verraten hatte und was zu tun sei, als es an der Tür klopfte.« Weiße Polizisten in

Zivil: »Ich bin Leutnant Visagie von der Protea-Polizeistation. Wir kommen, um dich für ein paar Fragen abzuholen.«

Ausnahmerecht. Nomsa packt eine Reisetasche. Sie ahnt, daß es bei den paar Fragen nicht bleiben wird.

Auf der Polizeiwache wird sie verhört: »Warum hast du deine Berichte nicht abgeliefert? Wo bist du gewesen? Mit wem hast du gesprochen?« Aber das Verhör dauert nicht lange, man sperrt sie in eine Zelle.

Erst mitten in der Nacht kommen die Polizisten wieder. »Angeblich wollten sie mit mir eine ›Tour‹ im Auto machen. Ich war nicht mehr halb so belastbar wie damals und hatte ziemliche Angst. Über die Johannesburger Polizisten hatte ich schon so viele Horrorgeschichten gehört. Und jetzt mitten in der Nacht auf ›Tour‹ gehen? Ich schrie wie am Spieß, in der Hoffnung, daß mich andere Häftlinge hören würden und später über mein Verschwinden Auskunft geben könnten.«

Die ganze Nacht durch wird Nomsa in einem geschlossenen Polizeiwagen gefahren, bis sie sich am nächsten Morgen im Gefängnis von East London wiederfindet. Colonel Burger, Captain le Rouse – die alte Mannschaft – erwarten sie schon: »Warum hast du dich nicht bei uns gemeldet, wie verabredet? Und wir haben dir doch gesagt, daß wir wollen, daß du hier in der Gegend bleibst und nicht herumreist.«

»Und ich sage euch jetzt, wenn ihr mich bannen wollt, dann bannt mich. Aber macht es offiziell und vor Gericht. Mein Anwalt hat mir gesagt, daß ich nicht im geringsten verpflichtet bin, euch irgendwelche Berichte abzuliefern, und daß ich hinreisen kann, wohin ich will.«

Sie halten Nomsa für drei Tage fest, dann bringen sie sie wieder nach Johannesburg. »Du bist frei. Du kannst nach Hause gehen.«

»Ich hatte nicht mal Geld für einen Bus. Und dann haben sie mich tatsächlich in die Stadt gefahren und mir

Geld für die Fahrt nach Alexandra gegeben. Ich war völlig überrascht.«

Am nächsten Tag, Nomsa will gerade zu ihrer Anwältin gehen, um ihr von der jüngsten Verhaftung zu erzählen, kommen die Polizisten wieder. »Wir haben noch ein paar Fragen.« Ausnahmerecht – noch mal zur Protea-Polizeistation. Captain Villies aus dem Polizeihauptquartier in Pretoria ist eigens angereist: »Bitte, Nomsa, du magst ja politische Gründe haben. Gut, wenn du nicht zu uns überlaufen willst, dann arbeite doch wenigstens mit uns zusammen. Wir können dich nicht zwingen, aber eines können wir dir versprechen: Wenn wir dich dabei erwischen, daß du noch einmal mit dem ANC Kontakt aufnimmst oder gar eine Waffe für den MK in die Hand nimmst, dann bist du mausetot.«

Nomsa versucht es noch einmal mit dem neuen Leben. »Ich hatte ein Ziel: meinen Vater zu finden und das gleiche für ihn zu tun, was er für mich getan hatte. Aber dafür mußte ich selbst wieder auf die Beine kommen, Geld verdienen und mich bei meinen Leuten rehabilitieren.«

Diesmal scheint Nomsa Glück zu haben: Bei einer Supermarktkette findet sie einen Job als Kassiererin. Und ein Freund ihres Vaters vermittelt zwischen ihr und der ANC-Spitze im Exil. Sie schreibt Berichte über die Verhöre im Gefängnis, um die Funktionäre darüber ins Bild zu setzen, welche Informationen sie an die Polizei weitergegeben hat und welche nicht.

In diesen Tagen geht man in den Townships nicht zimperlich um mit Verrätern oder mit Polizeispitzeln. Verwahrloste radikale Jugendbanden übernehmen zusehends das Kommando in den schwarzen Ghettos. Wer suspekt ist oder nicht kooperiert, setzt damit sein Leben aufs Spiel. Die Jugendlichen sind geprägt vom hoffnungslosen, von Panzern, Polizei und Ausnahmezustand bestimmten Alltag. Zu viele Leichen haben sie schon gesehen, als daß menschliches Leben oder soziales Verhalten für sie noch einen Wert darstellen könnten. Ihre Gefühle sind abgestumpft, ihre Aktionen gegeneinander und gegen das herrschende System kopflos, da fast alle Führungspersönlichkeiten aus der Opposition tot, im Gefängnis, im Exil oder auf der Flucht sind.

Um Nomsa brodelt die Gerüchteküche. »Am Anfang dachte ich, das beste ist, den Mund zu halten und mich nur der ANC-Führung gegenüber zu rechtfertigen. Wenn die wüßten, woran sie mit mir sind, dann wäre schon alles okay. Außerdem bestand immer die Gefahr, daß man, wenn man zuviel redete, an einen Spitzel geraten konnte. Aber daß ich den Mund hielt, das war das Falscheste, was ich machen konnte.«

»Wer nicht redet, der hat was zu verschweigen«, denken sich einige im Township. Sie starten Verleumdungskampagnen gegen Nomsa: Polizeizeugin, Freispruch, den Mund halten, keine politischen Aktivitäten mehr – alles deutet auf eine »Umgedrehte« hin. »Ich merkte, daß sie im Supermarkt, dort wo ich arbeitete, hinter mir herspionierten. Aber das schlimmste waren die abgeblitzten Verehrer. Daß mir nach der ganzen Tortur nicht gerade nach Bettgeschichten zumute war, konnten einige, die es wohl chic fanden, mit einer ANC-Frau geschlafen zu haben, nicht verstehen. Vor allem einer, ein UDF-Aktivist, erzählte die schlimmsten Geschichten über mich. Daß ich mich weigern würde, der UDF beizutreten, das stimmte ja. Meine Organisation war und ist der ANC, und vor keinen anderen Karren wollte ich mich spannen lassen. Aber er streute auch überall im Township das Gerücht aus, daß ich die Sache und unsere *comrades* verraten hätte und jetzt ein Polizeispitzel sei.«

Nomsa bleibt gar nichts anderes übrig: Sie geht wieder zu politischen Versammlungen und versucht vor allem mit den Jugendorganisationen zu arbeiten. »Am Anfang hab' ich die Verleumdungskampagnen einfach ignoriert. Aber die Zeiten im Township hatten sich geändert. Gewalt war das einzige, was zählte. Ich bekam Angst vor meinen eigenen Leuten und flüchtete mich in Selbstmitleid: ›Sollen sie mich doch als Verräter auf offener Straße anzünden, wenn sie wollen. Dann werden sie eben zu spät feststellen, daß sie eine Unschuldige umgebracht haben.‹ Aber das war ja Quatsch. Sosehr ich mir gewünscht hatte, mich zumindest für eine Zeit aus allem rauszuhalten, es ging nicht.«

1986 – Nomsa lernt Tosie kennen. »Alles ging so rasend schnell. Ich bewunderte Tosie: Er war ein Revolutionär. Ihn hatten sie auch mit Folter und Verfolgung nicht kleinkriegen können. Ich liebte Tosie: Er hat mir vertraut und nicht eine Minute an mir gezweifelt. Tosie war mein Vaterersatz und die perfekte Flucht zugleich: ein Mann, ein Kind, eine Familie und einer, der für die Zukunft unseres Volkes kämpft. So ein Gefühl von ›Alles wird schon wieder gut‹.«

Tosie wird nach Lusaka zur ANC-Führung gerufen, um über Nomsa Bericht zu erstatten. Man vertraut ihm. Nomsa gibt Schnellkurse an der AK 47 für neue *comrades* im Township. Man vertraut ihr.

Nomsa wird schwanger. »Ich war gerade im dritten oder vierten Monat, als sie nachts die erste Brandbombe auf unsere Wohnung in Alexandra geworfen haben.«

Am nächsten Tag erscheint die Polizei: »Wir haben gehört, du bist bombardiert worden. Hast du eine Ahnung, wer das gewesen sein könnte?«

»Das wissen Sie doch viel besser als ich.«

»Nein, davon wissen wir überhaupt nichts. Aber wir haben gehört, daß du wieder auf der falschen Seite kämpfst. Und da wollten wir dir den guten Rat geben, doch lieber das Land zu verlassen, wenn du mit heiler Haut davonkommen willst.«

»Das hab' ich euren Leuten doch schon in Port Eliza-beth erklärt: Wenn ihr mich bannen wollt, dann müßt ihr das schon offiziell machen und mir meinen Paß wegneh-men. Ansonsten laßt mich in Ruhe!«

Bis zur Geburt von Nomsas Sohn im Dezember wer-den noch zwei weiterte Brandbomben auf ihre Wohnung geworfen. Beim zweiten Mal hat die Hochschwangere nur Glück, weil Tosie gerade da ist und sie rausschaffen kann. Nachbarn haben die Täter erkannt: Sicherheitspoli-zisten. Aber der Versuch, das zu beweisen, wäre ohne Zweifel sinnlos.

1987 – Nomsas Sohn ist gerade auf der Welt. Tosie wird bei einer politischen Versammlung verhaftet. Ihr Vater ist noch immer »verschwunden«, aber es gibt schon eine Reihe von Exhäftlingen, die ihn in den unterschiedlich-sten Gefängnissen gesehen haben wollen. Der Gerichts-termin, zu dem sie alle gehört werden sollen, bleibt noch abzuwarten. Die Polizei nimmt keine Stellung. Ganz im Gegenteil – der Polizeigriff um Nomsa ist wieder erheb-lich fester geworden.

Einige kurze Verhöre, der Versuch der Polizei, sie doch zur »Kooperation« zu bewegen und einige »Berichte« über Bekannte aus dem Township anzuferti-gen – alles fruchtet nicht. Man setzt Nomsa wieder unter Druck: Eine weitere – diesmal erheblich stärkere – Ben-zinbombe brennt ihre Wohnung total aus.

»Das Risiko, weiter hier im Township zu bleiben, würde ich an deiner Stelle nicht länger eingehen.« Captain Heunis hatte ihr schon mal an anderer Stelle seine poeti-sche Ader gezeigt: »Schau mir in die Augen – du wirst den Teufel sehen.« Jetzt verzichtet er auf das Bühnenpa-thos: »Wenn du nicht verschwindest, dann ist das Beste, was dir noch passieren kann, in einer Gefängniszelle zu vermodern . . .«

Juli 1987 – von Polizisten ohnmächtig geschlagen, wacht Nomsa in einer Gefängniszelle wieder auf. »Wenn wir dich noch mal erwischen, daß du mit dem ANC Kontakt aufnimmst oder gar eine Waffe in die Hand nimmst, dann bist du mausetot.«

Nomsa hatte sich entschieden, ihre und die Situation ihres Vaters mit der ANC-Führung in Sambia zu besprechen. Gleichzeitig wollte sie drei junge *comrades* zur Ausbildung über die Grenze nach Botswana schleusen. Déja vu . . . Beim Grenzübergang wurde Nomsa wieder festgenommen, wurde wieder gefoltert und wieder ins Gefängnis gebracht: nach »Sun City«. »Aber jetzt war alles anders: Ausnahmezustand, mein Vater und Tosie im Gefängnis, mein Kind gerade ein halbes Jahr alt – und der Gedanke an die Katze im Sack.«

Sun City ist eigentlich das größte Freizeitdorado im südlichen Afrika. In der Kaprepublik sind Glücksspiel und Pornofilme verboten. Aber für all die Buren, deren puritanischer Geist im Kampf mit den weniger puritanischen Gelüsten gelegentlich unterliegt, locken in den »unabhängigen« Homelands exterritoriale Vergnügungsparadiese. Das größte, das glanzvollste, das vielfältigste von allen ist Sun City – Sonnenstadt – im Homeland Bophuthatswana. »Sun City« ist aber auch der Spitzname des Johannesburger Zentralgefängnisses, in dem Nomsa nun saß.

»Wir hatten Betten, Bettücher und warmes Essen, das oft sogar noch schmeckte. Die schwarzen Häftlinge haben immer ihre Witzchen gemacht: ›Was will der Mensch mehr – das ist doch besser als in manchem Township.‹ Aber ich hatte in »Sun City« nur einen Gedanken: die Katze im Sack.«

Vor Katzen hat Nomsa fast psychopathische Angst. Die grausige Geschichte von der Katze im Sack hat sie von Exhäftlingen gehört: »Sie stecken dich mit einer Katze in einen Sack, schnüren ihn oben zu und werfen ihn ins Wasser. In ihrer Panik fängt die Katze dann wie wild an, dich zu kratzen« – die Spezialfolter einiger verhörführender Johannesburger Polizisten.

»Alles, aber auch alles hätte ich ihnen erzählt, wenn sie mir damit gedroht hätten. Die Organisation, mich selbst und jeden anderen hätte ich ihnen an den Galgen geliefert.«

Aus lauter Angst fängt Nomsa bei den Verhören an, eine Geschichte nach der anderen zu erfinden, endlose Beschreibungen zu geben von Phantasiebegebenheiten. »Ich hätte nie geglaubt, daß das funktioniert. Aber weil ich früher immer nur gebockt hatte, glaubten sie jetzt, sie hätten mich weich geklopft und würden nun alles aus mir herausholen können.«

Sie wird nur ein paarmal geschlagen, aber nicht gefoltert. »Ich versuchte Zeit zu gewinnen, in der Hoffnung, daß draußen meine Anwältin etwas erreichen würde.«

Aber die Monate vergehen. Nomsa bekommt erneut Depressionen und schwere Nervenzusammenbrüche. Schließlich wird sie wieder zu einem Psychiater gebracht. »Diesmal war alles viel schlimmer. Ich hatte solche entsetzliche Angst vor der Katze im Sack und steigerte mich, obwohl sie mich gar nicht folterten, regelrecht in Wahnvorstellungen hinein. Und außerdem – ich war ja nicht mehr alleine auf der Welt: Ich war die gefangene Mutter eines Säuglings.«

Nomsas Zustand wird immer bedrohlicher. Sie kann keine Nahrung mehr zu sich nehmen, und ihre Psyche wird zusehends labiler. Die Ärzte weigern sich, die Verantwortung für sie zu übernehmen, wenn sie nicht ihr Kind sehen dürfe. »Natürlich kannten sie die Konsequenz einer solchen Begegnung: Wenn meine Mutter mit dem Kind käme, wüßte auch bald meine Anwältin, wo ich wäre.«

Mit einem kleinen Jungen auf dem Arm kommt Nomsas Mutter nach »Sun City«. »Ich erwartete mein Kind, aber das war nicht mein Kind. Es erkannte mich nicht, wollte ständig zu meiner Mutter und schrie, wenn ich es auf den Arm nehmen wollte. Erst ganz zum Schluß – wir hatten nur eine halbe Stunde – ließ es sich von mir über den Kopf streicheln.«

Februar 1988 – kaum aussagefähig, aber mit einer Anwältin kommt die 28jährige vor Gericht: Nomsa wird wegen mangelnder Beweise ein zweites Mal freigesprochen und nach siebenmonatiger Haft aus dem Gefängnis entlassen. Sie ist »frei«.

Township Topmanager

Eine schwarze Frau macht Karriere

Die Tiefkühltruhe . . .? Na sicher, daran kann sie sich noch ganz genau erinnern. Mit ihr sollte schließlich das neue Luxusleben aus der Steckdose beginnen: Schluß mit den Eisblöcken, den ewigen Fliegen auf dem Sonntagsfleisch, dem Trockenfisch und dem Maismehlbrei.

»Endlich alles frisch! Supermarkt, Metzgerei und Garten zu Hause«, hatte der freundliche weiße Verkäufer geschwärmt. Da mußte sie einfach zugreifen und sich diesen nicht gerade preiswerten, aber immerhin strombetriebenen vollautomatischen Einstieg ins zivilisierte Leben gönnen. Den Plastikstecker in die wunderbringende Öffnung in der Wand, und die schneeweiße Truhe – die erste dieser Art im ganzen Viertel – surrte tatsächlich wie ein zahmes Kätzchen.

Und dann all die Türen voller Luxus. Für das denkwürdige Ereignis sollte natürlich an nichts gespart werden: Fleisch, Tomaten, Salat, Früchte, Bier, Salzstangen und zur Feier des Tages sogar eine Flasche Sekt. »Einfach reinlegen – Deckel zu – und alles schlummert im Tiefkühl-Tiefschlaf, bis Sie es bei Bedarf wieder herausholen.« Vetrauensvoll hatte der Verkäufer das Ding getätschelt.

Mit dem Tiefschlaf wurde es schon beim ersten Versuch nichts: Die Flaschen waren in tausend Teile zerplatzt und hatten den Tomaten-, Salat- und Früchtematsch samt Fleisch und Salzstangen in einer braunen Bierbrühe ersäuft. All die frischen Tiefkühlträume waren über Nacht zu einem nach Kneipe-am-anderen-Morgen stinkenden Klumpen erstarrt.

»46 Jahre bin ich jetzt alt. Vierzig Jahre davon hab' ich, wie die meisten von uns, ohne Badezimmer, ohne Toilette im Haus und ohne Elektrizität verbracht. Ich sage Ihnen, da waren der Strom und all die Wunder, die er vollbringt, das Jahrhundertereignis im Township – allerdings eines, das wie eine Sintflut über uns hereingebrochen ist. Sie hätten Ihren Augen nicht getraut, wenn Sie gesehen hätten, was hier los war, als vor sechs Jahren die ersten Leitungen gelegt und die neuen Häuser gebaut wurden. ›Diese blöden Schwarzen!‹ – bestimmt das einzige, was Ihnen zu diesem Zivilisationsschauspiel eingefallen wäre.«

Tembi Mholongo lacht über sich selbst. Der runde, aber straffe Körper der 46jährigen hüpft dabei im Bürosessel auf und ab. Wenn man sie so sieht, macht es Mühe, sie mit der Geschichte von der »blöden Schwarzen« und der Tiefkühltruhe überhaupt noch in Verbindung zu bringen – sie, die Topmanagerin, die einzige Frau, die einzige Schwarze im Vorstand der großen internationalen Werbeagentur.

In den letzten sechs Jahren mußte Tembi all das aufholen, was weiße Kinder in Südafrika schon mit der Muttermilch eingeflößt bekommen. Aber sowenig, wie sie vorbereitet war auf die neue Zivilisation, sowenig waren auch die weißen Unternehmer auf die neue Käuferschicht eingestellt. Längst verfuhren die Kaufhäuser der Stadt nach dem kostendämpfenden *cash-and-carry*-Prinzip: kein Service, keine Montage – zahlen und abholen. Für ihre konsumgeübte weiße Klientel war das kein Problem. »Bei uns allerdings war damit das Chaos vorprogrammiert. Da wurden Fernseher gekauft und am nächsten Tag schon wieder umgetauscht, weil sie angeblich defekt waren. In Wahrheit hatte der ahnungslose schwarze Kunde den Fernseher nur nicht in die Steckdose eingestöpselt.«

Tembis mühevolle Erfahrungen mit dem Konsum waren dann auch ihr größtes Startkapital für die Karriere als Werbekauffrau. »Der schwarze Markt ist der Markt der Zukunft in Südafrika, das hatten einige Unternehmen damals langsam begriffen. Aber was dieser sogenannte schwarze Markt nun eigentlich ist – außer daß es sich um eine Masse von 25 Millionen Menschen handelt –, das wissen auch heute noch die wenigsten weißen Industriellen in unserem Land.«

Tembi bekam den Auftrag, eine Marktstudie über städtische Schwarze in den Johannesburger Townships anzufertigen. »Wie viele Jahrhunderte leben wir nun eigentlich schon in einem Land zusammen? Als ich mit meinen Ergebnissen ankam, gab es nur ein verwundertes Anheben der Augenbrauen bei meinen Chefs: ›Die sind ja wie wir!‹ Sie starrten mich alle fragend an. Ich nickte.«

Tembi teilt den schwarzen Markt in drei Kategorien ein: die Elite (10%), die »Marken« (30-40%) und die Massen (50-60%). »Keine Frage, die schwarzen Massen leben natürlich nicht wie die weißen Massen dieses Landes. Ihr Konsumspielraum ist begrenzt auf das Minimum. Ihre Ausbildung und ihr Einkommen liegen knapp über Null. Bei den ›Marken‹ sieht es da schon wieder anders aus. Sie haben Geld, aber keine Ausbildung. Wichtig ist für sie nicht die gute Qualität eines Pullis, sondern das entsprechende Markenzeichen auf der Brust. ›Ich bin tausend Mark wert‹, das soll man ihnen ansehen, und dementsprechend kaufen sie wie verrückt – oft weit über ihre Verhältnisse, was wieder ein ganz anderes Problem aufwirft . . . Die schwarze Elite unterscheidet sich im wesentlichen nicht von der weißen Elite unseres Landes. Sie haben Bildung und Geld und ziehen keine glänzende Ersatzbefriedigung aus auffälliger Kleidung. Sie joggen lieber im Morgengrauen und ernähren sich von Salat und Körnern. Allerdings legen sie gesteigerten Wert auf Gesellschaftsfähigkeit. Um jeden Preis wollen sie genauso riechen, genauso aussehen, genauso reden wie die Weißen. So soll ihr großer Komplex überdeckt werden: Auch wenn sie noch soviel Bildung und Geld haben – sie sind dazu verdammt, im Township zu leben.«

Hier beginnt denn auch die Schizophrenie in Tembis eigenem Leben. Sie gehört zur schwarzen Elite. »Wenn du zur weißen Elite gehörst, dann bist du wer, dann schaut man zu dir auf. Aber bei uns bist du sofort ein Kollaborateur, ein Teil des Unterdrückersystems.« Nach ihrer Berufung in den Vorstand sollte Tembi einen großen Firmenwagen bekommen. Nach einigem Zögern hat sie sich dagegen entschieden. »Weil ich dann noch mehr Schwierigkeiten bei uns im Township bekommen hätte, als ich ohnehin schon hab'. Wie schnell ist man ein Verräter, dem man im Namen der Revolution das Haus anzündet oder über den man herfällt. Natürlich möchte ich wie jeder andere Mensch auch zeigen, daß ich etwas erreicht habe. Aber ich muß meinen Erfolg, die Früchte meiner harten Arbeit verleugnen – und das bei meinen eigenen Leuten.«

Beim letzten Streik ging auch Tembi nicht zur Arbeit. »Vor allem ich muß zu Hause bleiben. Gerade auf jemanden wie mich sind alle Augen gerichtet. Aber ich sage dir, da könntest du platzen. Nach Wochen hatte ich endlich ein Gespräch mit mehreren Kunden organisiert. Wer konnte nicht kommen? Ich. Klar, sofort waren bei den Kunden wieder die alten Vorurteile über die unpünktlichen, unzuverlässigen Schwarzen wach. Mein Preis, damit die Meute zu Hause zufriedengestellt war.«

Tembi glaubt nicht an die gewaltsame Revolution. »Wir Schwarzen müssen kämpfen. Aber ich glaube nicht an den Aussteigerweg. Veränderung kann nur von innen heraus geschehen. Ich bin mittlerweile ein Teil dessen, was ich ändern will. Und ich weiß, daß die Weißen uns brauchen. Aber ich habe nicht vergessen, wo ich herkomme, das kann ein Schwarzer in diesem Land nie.«

Jeden Abend, nach zehn bis zwölf Stunden Arbeit in ihrem Hightech-Büro oder am Vorstandstisch, quetscht sich Tembi wieder mit Dutzenden von anderen Schwarzen in den Bus und fährt nach Hause. »Und kommen wir auch noch so hoch hinaus und sind wir auch noch so akzeptiert bei unseren weißen Kollegen und Arbeitgebern und verstehen wir ihre Ängste und Bedürfnisse auch noch so gut – wir können uns niemals in unser abgeschlossenes Luxusghetto zurückziehen und uns vorgaukeln, das ganze Leben sei nur Dallas oder Denver. Das ist der große Unterschied zu jeder anderen Elite in der Welt: Wir leben mit unseren Leuten im Township, und wir müssen dort leben, unter Bedingungen, unter denen nicht mal ein weißer Hilfsarbeiter leben möchte. Die Realität der Massen verdrängen, sich in Werbespotgefühle einlullen, das geht nicht. Du bist immer ein Teil des Elends, auch wenn du angeblich ganz oben bist, denn die meisten deiner Familienangehörigen erinnern dich eben mit ihrem Plumpsklo auf dem Hinterhof und ihren arbeitslosen Söhnen und Männern tagtäglich daran, wo du herkommst. Außerdem ist unsere Elitegeschichte so kurz, daß keiner von uns seine Vergangenheit so schnell vergessen kann.«

Trotzdem – ihr Erfolg ist für Tembi auch ein entscheidendes Energiepotential: »Gerade wenn du es geschafft hast, glaubst du noch viel stärker daran, daß eine andere Gesellschaftsform möglich ist. Weil du eben nicht nur davon träumst, sondern weil du Schritt für Schritt erlebst, daß es geht, daß wir genauso gut oder so schlecht sind wie die Weißen. Und wenn du doch mal Gefahr läufst abzuheben, dann wirst du durch ganz natürliche Mechanismen wieder auf den Boden der Tatsachen zurückgeholt . . .«

Die Aktivisten rufen im Township zum Mietboykott

auf – alle Häuser gehören der Regierung und stehen den Schwarzen nur zur Miete zur Verfügung. Tembi war immer strikt gegen diesen Boykott, aber sie geht trotzdem zur Versammlung. In kategorisch militantem Ton wollen die jungen *comrades* alle zur gemeinsamen Verweigerung zwingen. »Ich hielt das alles für Quatsch. Miete muß man zahlen, da gab's für mich keine Diskussion. Aber dann fingen diese alten verschüchterten Mamas an, mit den *comrades* zu diskutieren: ›Aber wenn wir keine Miete mehr zahlen, dann drehen sie uns den Strom ab.‹ ›Ja, Mama, wie alt bist du?‹ ›Achtzig Jahre.‹ ›Und seit wann hast du Elektrizität?‹ ›Seit fünf Jahren.‹ ›Also, du hast schon 75 Jahre ohne Elektrizität gelebt, da wirst du doch nicht jetzt von diesem Luxus abhängig werden, wenn wir doch eigentlich für höhere Ziele kämpfen?‹ Auf einmal machte das für mich Sinn. Die Jungs hatten recht: Mit dem Strom kommt noch lange nicht die Gleichberechtigung. Und die Verweigerung ist unsere einzige Waffe.«

Seit diesem Abend macht Tembi mit beim Boykott. Aber jeden Morgen geht sie zurück in ihren bequemen Bürosessel im weißen Johannesburg. »Leute wie ich werden in Südafrika automatisch gespaltene Persönlichkeiten. Im Moment, wo du dein Büro betrittst, mußt du vergessen, wer du bist und wo du herkommst. ›Nach Ihnen, meine Dame . . . Selbstverständlich, Frau Mholongo . . .‹ Beim Meeting stehen alle auf und sind beeindruckt von dir. Doch wenn du das Büro verläßt, bist du nichts anderes als eine Schwarze, die mit Hunderten von anderen Schwarzen in der Schlange an der Bushaltestelle steht und sich auf die Zehen trampeln läßt. Wenn die *comrades* zu Hause nicht schon auf dich warten, dann wartet dein Mann auf dich, um dir Vorwürfe zu machen, daß du arbeitest. Entweder wird man zum Chamäleon, oder man geht ein.«

Tembi wehrt sich energisch dagegen, als »Emanze«

bezeichnet zu werden. Aber schwarze Männer sind für sie steinzeitliche Patriarchen. Ihr Mann hat sich in dem Moment von ihr scheiden lassen, als sie anfing, Karriere zu machen. »Tja, das kommt dann noch hinzu. Nicht nur, daß wir erst vor kurzem mit Karriere und Zivilisation konfrontiert und überfordert wurden. Auch unsere schwarze Tradition kommt mit den Ultraschallentwicklungen nicht mit. Die Scheidungsraten in den Townships sind einzigartig auf der ganzen Welt. Wir müssen uns beeilen. Wenn wir es schaffen wollen, geht alles nur im Akkord, alles, wovon wir jahrzehntelang ausgeschlossen wurden und was bei den Weißen natürlich gewachsen ist.«

Tembi schaut auf die Uhr. Ihre Zeit ist um. Termindruck – neue Analysen über die rasante Entwicklung des schwarzen Marktes.

Hexe im zweiten Lehrjahr

Leben zwischen Zauber und Zukunft

Am Tag, an dem ich Selina in ihrem Johannesburger Büro kennenlerne, hat sie offensichtlich gerade die Modeseite von *Pace*, dem Hochglanz-Magazin der schwarzen Aufsteiger, auswendig gelernt: Zum schwarzen Lederrock mit Schlitz trägt sie hochhackige Schuhe und zum signalroten Lippenstift einen ebenso leuchtenden Pulli. Die Locken glänzen, von Gel poliert, und die lackierten Fingernägel in südafrikanischer Überlänge rasen in ununterbrochenem Stakkato über die Computerknöpfe. Der Eindruck, den sie auf den ersten Blick vermittelt, ließe die Offiziellen in Pretoria sicherlich ins Schwärmen geraten: »Natürlich gibt es Schwarze mit Bildung und Lebensstil, die sich perfekt in unsere Lebens- und Leistungsstrukturen integriert haben!«

Ausgerechnet solch ein Exemplar soll einen verhexen können . . .?

Es ist ein eigenartiges Phänomen. Man läßt sich von vermeintlich bekannten Signalen irreführen, und schon wähnt man sich auf dem sicheren Terrain der westlichen Zivilisation: der »integrierte« Schwarze – die Computerfachfrau, der Gewerkschaftsführer, die Supermarktkassiererin. Bis man plötzlich stolpert über unbekannt Okkultes: im Büro, im Geschäft, in der Werkhalle oder zu Hause. Ganz unvermittelt, zwischen Mikrowellenherd und Managementkurs, gehen auf einmal wundersame Geschichten um – vom zwergwüchsigen *Tokolosch*, von Medizinmännern und Hexenverfolgung, von Kräuterdoktoren, Zauberkraft und anderem, was die bösen Geister der abendländisch-ignoranten Leistungsgesellschaft auszutreiben versucht.

Da ist zum Beispiel Beauty, das Hausmädchen von Bekannten. Sie kocht hervorragend mit der Mikrowelle, und sogar mit dem neuen Dampfbügeleisen kann sie perfekt umgehen. Zur Belohnung will die großzügige *madam* ihr ein schönes, neues Schleiflackbett kaufen. Aber Beauty zeigt sich undankbar. Sie will ihre alte Schlafstätte unbedingt behalten – ein Bett, dem sie die Beine abgesägt hat und das statt dessen auf Ziegelsteinen steht. Es ist so hoch, daß die kleine Dicke wettkampfreife Leistungen an den Tag legen muß, um überhaupt hineinzukommen. Aber das nimmt sie in Anbetracht der Tatsachen gerne in Kauf: Die Ziegelsteine schützen sie nämlich vor dem *tokolosch*, einem bösen Geist in Zwergengestalt. In ein so hohes Bett kann er bei Nacht nicht hineinkrabbeln und sie verzaubern.

Oder: Auf einer entlegenen Baustelle einer deutschen Firma weigern sich die schwarzen Arbeiter tagelang, mit einem Kollegen zusammenzuarbeiten. Er sei verhext und müsse erst zum Medizinmann gebracht werden. Wohl nicht nur aus Mangel an Medizinmännern in der Personalabteilung geht die Werksführung nicht auf die Forderung der Männer ein. Man zwingt sie, mit dem »Verhexten« weiterzuarbeiten. Ein paar Tage später findet man den Mann mit abgehackten Füßen. Keiner seiner Kollegen ist überrascht: Jetzt sei halt der Hexendoktor gekommen und habe den vom Bösen Besessenen bestraft.

Ein weiteres Beispiel: Der schwarze Finanzbuchhalter eines ländlichen Sägewerks und sein weißer Kollege überwerfen sich mit ihrem Chef, als dieser eine Stechuhr einführen will. Vergeblich versucht vor allem der Weiße die hauptsächlich schwarze Belegschaft zum Streik zu bewegen. Als die beiden dann wegen ihrer »aufrührerischen« Tätigkeit rausgeschmissen werden, sinnt der Schwarze auf Rache. Mit seinen Mitteln werde er jetzt den Betrieb lahmlegen, droht er. Und er legt ihn tatsächlich lahm: Mit farbigen Geschichten schmückt er ein Gerücht über den vom Bösen besessenen Chef aus. Im Dorf verbreitet er, daß alle, die mit ihm in Berührung kämen, ebenfalls verhext würden. Der Chef allerdings, ein alter Bure, lebt schon zu lange auf dem Land, als daß er sich nicht zu helfen wüßte: Mit einer verlockend hohen Summe gewinnt er kurzerhand den angesehensten Medizinmann für sich und läßt sich ein rehabilitierendes Attest ausstellen: Nein, verkündet der Medizinmann vor der streikenden Belegschaft, der *master* sei gut und nie mit dem bösen Geist in Berührung gekommen. Davon habe er sich persönlich überzeugt.

Selina. In den zweiten Teil ihres Lebens will sie mich persönlich einführen. Wir treffen uns bei ihr zu Hause im Homeland Gazankulu: Ob sie mir *so* auch gefalle? Gefallen . . .? Man kann sie kaum erkennen. Das ist keine Verkleidung, das ist eine andere Frau: Selina, die »integrierte« Schwarze, die Computerfachfrau aus Johannesburg, in bunte Stoffetzen gehüllt, mit einer schmierigen Paste in den Haaren und barfuß auf dem Weg zur Hexenfeier ihrer Tante.

Bevor ich meinen in Okkultem ungeübten Erfahrungs- und Wortschatz noch länger vergeblich aus der Sprachlosigkeit zu quälen versuche, setzt in der Ferne monotones Getrommel ein. Offensichtlich das Zeichen für unseren Aufbruch, denn Selina bedeutet mir, ins Auto zu steigen und loszufahren. Wir steuern schnurgerade aufs Zentrum ihres Heimatdorfes zu. Schon bald hört die Asphaltstraße auf, und die Reifen holpern nun langsamer über staubige Schlaglöcher den Trommeln entgegen.

Hütten, deren Wände aus Termitenhügeln und dazwischen aufgeschichteten Cola-Dosen bestehen, säumen unseren Weg. Hie und da wird das triste Bild unterbrochen: eine klapprige Kuh, ein dürrer Baum oder ein Sonntags-*indaba*, bei dem Männer auf Tonnen im Kreis sitzen und wild gestikulierend palavern.

Friedliche Armut . . ., schießt es mir durch den Kopf; während der letzten Unruhen sah es auch hier ziemlich schlimm aus! – Selina scheint Gedanken lesen zu können. Ich solle mich nicht täuschen lassen, meint sie. Immer mehr arbeitslose Männer würden immer mehr Haß im Suff ertränken.

Selina gibt mir ein Zeichen zum Anhalten. Wir sind da. Hier sei sie zu Hause. Lehmhütten mit Strohdächern im Halbkreis um eine Feuerstelle und barfüßige und -busige Frauen in bunten Gewändern und »Kriegsbemalung«. Selina geht vor und spricht mit drei Frauen, die alle von Kopf bis Fuß mit einer roten, öligen Tunke beschmiert sind. Neben ihnen ein kleiner Haufen: Fellreste, Knochen, Häute, zermatschte Früchte und, wie ich später erfahre, Gewürze, die aromatisierende Zugabe für die Heiltinktur, die aus dieser Mischung gebraut wird.

Selinas Verhandlungen waren offenbar erfolgreich. Sie holt mich näher heran. Noch immer von dem, was sich mir hier darbietet, verwirrt, stolpere ich über ein blutiges Ziegenfell, das anscheinend zum Trocknen auf dem Boden liegt. Selina grinst und nimmt mich am Arm: »Sag einfach guten Tag und lächle freundlich.« Ich sage guten Tag und lächle so hexenfreundlich wie möglich.

Fünf Männer hocken auf dem Boden und schlagen mindestens ein Dutzend Trommeln gleichzeitig, während ein Frauengrüppchen ekstatisch um sie herumhüpft. Selina und ich bekommen Stühle, während alle anderen, wenn sie nicht gerade hüpfen, auf dem Boden sitzen. Selina sucht sich vergeblich gegen die Trommeln durchzusetzen und brüllt mir ins Ohr: Die Alte sei die Zauberdoktorin hier im Dorf. Sie verstehe sich hervorragend auf die Kräuterheilkunst, aber auch auf »anderes« . . . »Aber davon verstehst du eh nichts!« Die beiden jüngeren Hauptdarstellerinnen des Schauspiels werden mir als Zauberlehrlinge vorgestellt: »Sie haben eine Gallenblase im Haar und sind mit Ziegenblut beschmiert«, erklärt mir Selina, als ob es um ihre neueste Software-Entwicklung ginge.

Heute wird gleich doppelt gefeiert: Die beiden Zauberlehrlinge werden in den Gesellenstand erhoben, und ein Säugling wird aufs harte Leben vorbereitet.

Die Meisterin, eine hagere alte Frau mit müden Hängebrüsten, schaut ernst und herausfordernd in die Runde. Die Federbüsche im Haar, zig bunte Holzperlenketten um den Hals und die Tücher um die Taille wippen im Takt, während sie beschwörend um das Feuer tanzt. In kurzen Abständen bläst sie in eine schrille, in ihre breite Zahnlücke geklemmte Pfeife. Auch die beiden rotgetünchten Lehrlinge tanzen. Die Zeremonie geht anscheinend ihrem Höhepunkt entgegen: Die Hexenmeisterin wirbelt den nackten Säugling durch die Luft und beginnt, ihn über dem Rauch des Feuers zu wenden, bis er schwarz vor Ruß ist. In Gedanken wird mein europäischer Wortschatz endlich wieder aktiv: Der Begriff Kinderschutzbund fällt mir ein. Selina erklärt: »So war das bei mir damals auch. Das ist der Rauch von Löwenfell, Elefantenzähnen und Schlangenhäuten. Die Kraft dieser Tiere soll so auf das Kind übertragen werden.«

Mit dem geräucherten Baby ist mein Nachholbedarf in Sachen Hexenversammlung vorläufig gedeckt. Mein verkniffener Gesichtsausdruck entlockt Selina nur ein Grinsen. Sie nimmt mich wieder am Arm. Ich lächle wieder so freundlich wie möglich, um mich zu verabschieden. Alle scheinen jedoch mit ihrem eigenen Trancezustand ausreichend beschäftigt.

Dann aber, nach ein paar Schritten, tippt mir jemand

auf die Schulter. Ein Mann, der zwischen all den barbusigen Tänzerinnen und gefärbten Zauberlehrlingen eher wie ein Wilder aus einer anderen Zivilisation wirkt. In seinem staubigen, aber gebügelten Anzugjackett stecken vorne in der Brusttasche drei goldglänzende Kugelschreiber, um den Hals trägt er einen Schlips.

Noch bevor ich Selina bitten kann zu übersetzen, spricht er mich auf englisch an: »*You can come back whenever you like. Botha has abolished Apartheid!*« Ich könne ruhig noch mal wiederkommen. Botha habe die Apartheid abgeschafft.

Unbekannte Heimat

Die Hoffnungslosigkeit der Homelandpolitik

Heino war schon da, um die schwarzbraune Haselnuß zu besingen. Auch das gelockte Jünglingsduo *Modern Talking* hat den weiten Weg nicht gescheut, um sein Synthesizer-Süßholz über das Glitzerparadies mitten im dunklen Kontinent zu raspeln. Und sogar der schönen Prinzessin Caroline von Monaco war es eine Reise wert: Sun City, die Sonnenstadt – beileibe kein weißes Luxusghetto in Südafrika, denn da würde man ja schließlich nicht hinreisen.

Sun City, das afrikanische Las Vegas, liegt in der unabhängigen und apartheidsfreien Republik Bophuthatswana. Und ihr schwarzer Präsident, Häuptling Dr. Lucas Lawrence Manyane Mangope, ist stolz auf die fünfhundert Quadratkilometer Retortenidylle, in der sich die Großen der Welt die Klinke in die Hand geben: Alles ist perfekt.

Nichts ist hier zufällig. Der Rasen ist gekämmt, der künstliche See räkelt sich mit der gleichen Selbstverständlichkeit in der Landschaft wie der Achtzehn-Löcher-Golfplatz. Hinter den drei Hotels in Wir-können-es-uns-leisten-Architektur stürzen Wasserfälle über künstliche Felsen in die Swimmingpools, auf deren vorgelagerten Inseln Flamingos das Bein heben. Der Gast schlendert durch einen Gärtner-Urwald, über zitternde Brückenstege, unter denen Wildwasser durchgebraust werden.

Die exotischen Vögel sind in Riesenvolieren kaserniert. Während der Gast durchs Paradies lustwandelt, richten sich die gierigen Zooms bewundernder Neider auf ihn, die in einem gläsernen Fahrstuhl an der Außenseite des Hotelblocks über zwanzig Stockwerke hinauf- oder hinuntergleiten.

Das Paradies mit eigenem Flughafen und Wildreservat hat über tausend Zimmer. Für einen Platz an der Sonne muß man 100 bis 150 Mark pro Nacht hinlegen. Dafür frühstückt man aber unter importierten Palmen, ißt den Hummer ruhig mal im Liegen, rackert sich die Champagnerkalorien beim Tennisspielen wieder ab oder ignoriert sie einfach paradiesisch leicht und aalt sich am Pool, darauf wartend, was der Abend bringt ...

Wenn nicht gerade Heino konzertant das deutsche Kulturgut hochleben läßt oder die Monaco-Prinzessin blaublütig für gesellschaftliche Aufwertung einer Golfer-Gala sorgt, dann darf sich der gemeine Bure in der Sonnenstadt nach Herzenslust am Roulettetisch, am einarmigen Banditen oder beim Black Jack verlustieren. Aber das unerschöpfliche Sun City bietet noch weitaus sinnlichere Freuden als das Rattern der Spielautomaten oder das alles entscheidende »Rien ne vas plus« einer heiseren Croupiersstimme: Busen und Popos – alle weiß, alle nackt und straff.

Wenn hierzulande in einer Glamourshow barbusige Damen gläserne Las-Vegas-Treppen heruntertänzeln, dann ist das in unseren Augen nicht mehr als Hausmannskost mit Lou-van-Burg-Charme. Für südafrikanische Wochenendtouristen, von denen Sun City fast ausschließlich lebt, bedeuten halbnackte Tänzerinnen auf der Bühne und ein paar Softpornos von der Leinwand aber kribbelnd-erregendes Sündeschnuppern. Denn in der puritanischen Kaprepublik um die Ecke sind Glücksspiel, nackte Busen oder gar Pornos absolute Tabus, auf deren Übertretung sogar Gefängnis steht.

Fun City, Vergnügungsstadt; *Sin City*, Sündenbabel –
den südafrikanischen Eigentümern ist es egal, unter wel-
chem Namen man das Vergnügungsdorado handelt.
Wichtig ist ihnen nur: Die Kunden vom Kap kommen in
Scharen und lassen Wochenende für Wochenende
1,5 Millionen Mark Reingewinn liegen. Bereits ein halbes
Jahr nach Eröffnung war das Hundert-Millionen-Projekt
dank der diversen Gelüste der Buren, der großzügigen
Steuervorteile des Gastgeberstaates und der billigen
Arbeitskräfte abbezahlt.

Keine Apartheid, 3500 Arbeitsplätze und Millionen für
die Staatskasse: Da müßten außer dem Sun-City-Fan
Mangope – für den Präsidenten ist zu jeder Tages- und
Nachtzeit in allen Hotelrestaurants ein Tisch reserviert –
doch auch die Bewohner von Bophuthatswana begeisterte
Anbeter der Sonnenstadt sein. Oder?

»Sicher ist Sun City für alle da – für die Schwarzen zum
Arbeiten und für die Weißen zum Vergnügen. Sun City
basiert auf Sklavenarbeit. Die Leute hier werden schlechter bezahlt, als es in diesem Gebiet üblich ist, das wissen
die Eigentümer genauso wie das Management. Die sind
doch nur hierhergekommen, weil sie zu Hause nicht dürfen und weil sie hier Massen von billigen Arbeitskräften
und unser Land kriegen konnten.«

Der junge Schwarze ist verbittert. Er ist eins der Opfer
von Pretorias Umsiedlungspolitik. Dabei gehört er nicht
einmal zum Stamm der Tswana, für den die südafrikanische Regierung das Homeland, dieses angebliche »Heimatland« namens Bophuthatswana, geschaffen hat.

Am Anfang der Homeland-Politik stand die Idee der
getrennten Entwicklung: das Kernland Südafrika für die
Weißen – und für die schwarzen Stämme jeweils ein eigenes Reservat. Das, was Pretoria beschönigend als »Kon-
solidierung der Bantustans« bezeichnet, ist eine der trau-
rigsten Seiten der Rassenpolitik. Seit Inangriffnahme des

Konzepts vor etwa zwanzig Jahren sind am Kap über vier Millionen Menschen – fast ausschließlich Schwarze – per administrativem Federstrich um-, aus- oder neuangesiedelt worden.

Im Falle Bophuthatswana ist das Ergebnis besonders drastisch. Ein Blick auf die Karte macht deutlich: Von *einem* Land kann nicht die Rede sein. Vierzigtausend Quadratkilometer, eine Fläche so groß wie die Schweiz, wurden in sieben einzelne Fetzen über das nördliche Südafrika verstreut und dann 1977 mit einer schwarzen Regierung von Pretorias Gnaden als »parlamentarische Demokratie« in die sogenannte Unabhängigkeit entlassen. Allerdings leben in Bophuthatswana, was soviel heißt wie »Land des Stammes der Tswana«, bloß rund die Hälfte aller südafrikanischen Tswana; die Bevölkerung der Minirepublik, die von niemandem außer dem Mutterland Südafrika anerkannt ist, besteht über dreißig Prozent aus den Angehörigen anderer Stämme.

Zu ihnen gehört auch Mangika, der verbitterte junge Mann, dem zu Sun City nur das Wort »Sklavenarbeit« einfällt. Er wurde gegen seinen Willen nach Bophuthatswana umgesiedelt und arbeitet jetzt in einem Dorf namens Winterfeld, nur eine Stunde vom schillernden Vergnügungsparadies entfernt, als Lehrer.

Sein Schulalltag: viereckige graue Betonklötze, jeweils nicht größer als Doppelgaragen. Aus dem Stein gebrochene Löcher lassen die Sonne herein und die Kinderstimmchen hinaus: »*I-l-a-n-a u-m-l-a-l-i*«. Mangika leiert die Buchstaben wie Kaugummi. »*Ilana umlali*«. Hundert Kleinkinder hocken eng gedrängt auf dem Betonboden und plappern ihm den Kaugummi mit geistesabwesenden Gesichtern nach. Es sind so viele, daß sie fast zur Tür hinausquellen. Beim Englischunterricht bedient Mangika sich des einzigen Hilfsmittels, das im Klassenraum zu finden ist – eines Stücks Schiefer, auf dem steht: *Gut – Böse. Oben – Unten. Schwarz – Weiß.*

Mangika, der selbst die Oberschule abgeschlossen hat, und seine Schüler haben noch Glück, daß sie überhaupt eine Schule haben. Mehr als die Hälfte der Homelandbewohner sind Analphabeten; die allgemeine Schulpflicht für Schwarze wurde erst 1982 eingeführt. Von den Lehrern können nur weniger als die Hälfte das Abitur vorweisen, und nur drei Prozent haben eine Hochschule besucht.

Für einen weißen Schüler steht seitens der Staatskasse zehnmal soviel Geld zur Verfügung wie für einen schwarzen Schüler. Für Mangika und seine Kinder bedeutet das: keine Schulbänke, keine Tafel, keine Schulbücher. Einige der Betonklötze, in denen der Unterricht stattfindet, haben nicht mal ein Dach; nackt stehen sie auf dem kahlen, unfruchtbaren Boden, umgeben von dem Rest der kleinen Homelandsiedlung Winterfeld. Eine trostlose, armselige Einöde, nicht weit von der südafrikanischen Hauptstadt Pretoria entfernt, aber eben doch auf »unabhängigem« Boden von Bophuthatswana. Man kann die Grenze zwar nicht sehen, aber wer hier lebt, kann sie spüren. Mangika erzählt: »Dieses Homeland bedeutete für uns nur Leiden. Die Mitläufer, die von uns, die Pretorias Spiel mitmachen, bekommen alles: Geld und was sie sonst noch so brauchen. Aber den anderen geht es schlecht im Homeland. Die Regierung tauscht doch niemals ein gutes Stück Land gegen ein schlechtes. Sie nehmen immer das gute Stück Land und bringen dich dahin, wo es schlechter ist. Und wir können nichts dagegen machen. Uns bleiben nur die Tränen. Ich habe gekämpft, um mir eine Existenz aufzubauen, und dann haben sie mich weggejagt.«

Das war 1984, im Februar. Früher Morgen – kurz nach Sonnenaufgang. Monatelang hatten sie sich gewehrt gegen die geplante Umsiedlung, als auf einmal unzählige Uniformierte überfallartig ins Dorf eindrangen. In Kampfstrategien geübt, hatte die südafrikanische Polizei die ganze Siedlung umzingelt, dann die Türen der Häuser eingetreten, die Dorfältesten in Handschellen abgeführt und die Habseligkeiten von rund zweihundert Familien auf Lastwagen verfrachtet. Das war der Tag, an dem man sie weggejagt hatte, an dem die Dorfbewohner ihre Staatsangehörigkeit und ihre Heimat verloren hatten, an dem ein Transport das Dorf in Richtung Bophuthatswana verließ, wo die »neue Heimat« für die Abtransportierten aus dem Boden gestampft worden war: Winterfeld.

Aber hier ist nichts, was auf »Heimat« hindeuten könnte: Der Boden ist trocken und kann ohne künstliche Bewässerung nicht zum Maisanbau verwendet werden. Der Anbau von Mais aber war vorher die Haupterwerbsquelle der Vertriebenen. In den Sommermonaten wird es heiß. Die Wellblechhütten, die von der Regierung aufgestellt wurden, glühen dann wie Backöfen. Um die einzelnen Hütten sind Stacheldrähte gezogen. Auf einigen flattert die Wäsche im staubigen Wind. Die Menschen behelfen sich notdürftig: Eine Frau stampft ihre Wäsche mit den Füßen in einer Metallwanne; eine andere trocknet Lehm zu Ziegelsteinen. Zwei kleine Jungen holen Wasser vom Brunnen. Ein Schwein schiebt die Schnauze durch einen Müllhaufen auf der Suche nach Eßbarem. Dazwischen fegen vertrocknete Büsche über menschenleere Wege wie in einer Geisterstadt. Ein faltiges altes Männlein schüttelt den Kopf: »Was sollen wir in einer Heimat, in der wir nicht geboren sind? Sie haben uns hier einfach abgeladen wie Müll.«

Der »Müll«: Frauen, Kinder und Greise. Männer sucht man vergeblich. Sie sind weit weg, unterwegs auf der Suche nach Arbeit, die die neue Heimat nicht zu bieten hat. Von 2,3 Millionen Bophuthatswanern lebt und arbeitet bereits über eine Million in Südafrika, und monatlich machen sich weitere achtzigtausend Arbeitsuchende aus allen südafrikanischen Homelands auf, der Misere zu entfliehen, in der vagen Hoffnung auf eine Besserung ihrer materiellen Notlage. Das heißt, mindestens jeder Zweite muß sich auf den Weg zurück zum reichen Nachbarn machen, täglich bis zu fünf Stunden pendeln oder sich von der Familie trennen und in einem der Township-Wohnheime vor den Toren der südafrikanischen Industriezentren leben, mit der Gewißheit im Nacken, daß er jederzeit ohne Kommentar wieder zurückgeschickt werden kann – in sein »Heimatland«.

Mmabatho, die Hauptstadt der Heimat. *»I have diamonds on the soles of my shoes«* – Ich habe Diamanten an den Schuhsohlen. Eine schwarze Band kopiert Paul Simon in der Bar des Sun Hotel. Was der Name erahnen läßt, bestätigt ein kurzer Blick: Glitzerluxus, Spielcasino, Galadiners und Frühstücksbüfetts am Swimmingpool. Und zu jeder Zeit ist ein Tisch reserviert für Bophuthatswanas Präsidenten-Häuptling Mangope. Richtig – das Mmabatho Sun Hotel erwirtschaftet seine Gewinne in die Tasche des gleichen südafrikanischen Magnaten, dem auch Sun City gehört.

»I have diamonds on the soles of my shoes . . .« Im Halbdunkel der Hotelbar tanzen schwarze und weiße Jugendliche. An der langen Mahagonitheke drängeln sich Männer, vor sich Whiskygläser. Ein livrierter Barkeeper spielt Samba auf seinem silbrigen Shaker und mixt aus allerlei durch die Luft wirbelnden Flüssigkeiten seine Drinks zusammen.

Internationale Hotelbar-Stereotypen, die sich zwischen Stockholm und Kapstadt beliebig wiederfinden ließen. Ungewöhnlich wirkt nur eine Meute grölender Jungburen samt ihren seltsamen Spielchen. Einer scheint dazu verdammt zu sein, die Dauer-Blindekuh des Abends zu spielen. Ihm werden die Augen verbunden, und dann schieben ihm die anderen Undefinierbares ins Maul. Er muß Bierkrüge stemmen, bis ihm der Schweiß in Strömen fließt.

Auf Kommando werden ihm die Hosen runtergelassen und wieder hochgezogen. Die anderen jagen von einem Lacher zum nächsten und schleudern bierselige Reime in Afrikaans in die unbeteiligte Menge an der Theke.

Karl Magyar, mein Gegenüber, klärt mich auf: eine Junggesellenparty. Die noch vom Ehe-Unheil verschonten Freunde haben den Bräutigam für seine letzte Nacht in »Freiheit« ins Homeland verschleppt, um mit ihm noch einmal das Leben zu genießen, bevor er morgen in irgendeiner niederländisch-reformierten Kirche am Kap Treue schwören muß.

Aber mit Karl Magyar hatte ich mich hier eigentlich nicht getroffen, weil ich mich mit ihm über burische Stammesbräuche unterhalten wollte. Magyar, mittlerweile wieder Ökonomieprofessor in den USA, war einige Jahre Wirtschaftsberater von Präsident Mangope gewesen und erschien mir nach allem, was ich von ihm gehört oder gelesen hatte, als einer der besten Kenner Bophuthatswanas.

»Die Frage, ob das Homelandkonzept funktioniert, kann man nicht mehr stellen – denn dieses Konzept ist schon längst gescheitert. Das ursprüngliche Konzept der Südafrikaner war, etwa zehn ethnische Gruppen jeweils auf ein unverhältnismäßig kleines, ihnen zugewiesenes Territorium abzuschieben, ihnen Regierungen, die sogenannte Unabhängigkeit und ein bißchen Saatgeld zu geben, damit sie nicht gleich verhungern. Man glaubte, diese kleinen ›unabhängigen‹ schwarzen Staaten würden dann schon internationale Hilfe erhalten. Man glaubte, damit wären die Schwarzen raus aus dem Land, die Südafrikaner müßten sich nicht mehr länger um sie kümmern, müßten sich nicht mehr von ihnen bedroht fühlen – kurz: Südafrika würde dann kein ›schwarzes Problem‹ mehr haben. Aber das alles hat eben nicht funktioniert.«

Magyar jongliert mit Zahlen und Fakten: »Der Fall von Bophuthatswana, das immer als Paradebeispiel für die

Homelands angeführt wird, ist typisch. Fast drei Viertel der Bevölkerung arbeiten in Südafrika oder hoffen dort zumindest auf Arbeit. Das verbleibende Viertel muß man noch mal halbieren: Eine Hälfte davon ist in jeder Beziehung arbeitslos, und die andere Hälfte arbeitet tatsächlich hier. Aber das sind sehr, sehr schlecht bezahlte ungelernte Arbeiter; sie verdienen im Durchschnitt nur zwanzig bis fünfundzwanzig Mark die Woche. In den meisten Betrieben im Homeland ist die Fluktuation enorm – bei einigen liegt der Wechsel der ungelernten Arbeitskräfte bei hundert Prozent im Jahr. Im Klartext heißt das: Es gibt keine ausgebildeten Arbeiter in Bophuthatswana. In dem Moment, wo sie Fachkenntnisse erworben haben, wechseln sie nach Südafrika, weil dort die Bezahlung besser ist. Die Homelands sind also nichts anderes als die Ausbildungszentren Südafrikas.«

Wegen der Jungesellenparty, die langsam, sowohl was den Lärm- als auch was den Alkoholpegel angeht, ihrem Höhepunkt entgegenschreitet, vertagen wir unser Gespräch auf den nächsten Tag im Freien.

Zusammen mit einem anderen Homeland-Experten unternimmt Karl mit mir eine Rundfahrt durch die Hauptstadt Mmabatho. Wieder so eine kleine Wohlstandsoase. Alles ist neu, wie vom Reißbrett auf die Landschaft abgepaust. Weiße Architekten haben Prunkbauten aus dem Boden gestampft – sie sollen wohl als äußeres Zeichen einer angeblich prosperierenden Gesellschaft verstanden werden. Ganz vorneweg der Bau aller Bauten: das monströse Fußballstadion. Es sieht aus wie eine riesige Solarstation voller Sonnenkollektoren.

Karls Freund kommentiert: »Während des Jahrzehnts der Unabhängigkeit hat sich nichts anderes entwickelt als Korruption und Inkompetenz. Sinnlos sind Gelder für den Bau solcher überflüssigen Prestigeobjekte verschwendet worden. Dabei hat die Regierung mit dubiosen ausländischen Geschäftsleuten gemeinsame Sache gemacht und Riesensummen in die eigene Tasche gewirtschaftet. Und obwohl Bophuthatswana über eigene Rohstoffquellen verfügt, lebt dieser Staat hauptsächlich von dem Geld, das die Wanderarbeiter aus Südafrika schicken.«

Typisches Beispiel für die wirtschaftliche Abhängigkeit ist die Impala-Mine, mit vierzigtausend Beschäftigten der größte Arbeitgeber in Bophuthatswana: Nur zweihundert Millionen Mark aus Steuern und Schürfrechten bleiben jährlich hier, der gewaltige Rest fließt nach Südafrika.

Mmabathos Wohnviertel. Hier wird wie wild gebaut – gepflegte, weißgetünchte Einfamilienhäuser mit roten Ziegeldächern. Allein 1200 solcher Häuser entstanden in den letzten vier Jahren. Die 16 000 Beamten aus Verwaltung und Ministerien wollen standesgemäß untergebracht sein, genauso wie ihre Dienststellen. Auch hier ist alles neu und steril – futuristische Verwaltungsarchitektur in rotem Backstein und schwarzem Schiefer oder weiß mit blauen Dächern.

Aber der Reichtum der Reißbrettstadt ist ein Reichtum auf Pump: »Allein im letzten Jahr hat Südafrika pro Kopf über fünfhundert Mark an Subventionen in die Homelands pumpen müssen, um seine Vision vor dem totalen Zusammenbruch zu retten. Aber die Steuereinnahmen aus der Wanderarbeit sind allemal höher als die Subventionen, die wieder in die Homelands zurückfließen. Kurz: Das Ganze ist ein endloser künstlicher Kreislauf, der nur einer politischen Idee zuliebe aufrechterhalten wird. Und solange das die Motivation bleibt, solange jede Investition nur der Rassentrennung dienen soll, wird alles so hoffnungslos bleiben, wahrscheinlich noch schlimmer werden. Wirtschaftlich sind die Homelands schon jetzt tot. Und unabhängig sind sie schon gar nicht.«

Wir sind im Regierungsviertel angekommen.

Vor wenigen Wochen paradierten hier noch die Streitkräfte: zur feierlichen Wiedereröffnung des Parlaments.

Präsident Lucas Mangope höchstpersönlich hielt die Eröffnungsrede: »Ich weiß, mein Volk steht hinter mir. Das haben die vergangenen Wahlen klar und deutlich gezeigt.« Seine 690 Parlamentsmitglieder – unter ihnen auch Weiße – hatten ihm heftig zugestimmt.

Der Kommentar von Karl Magyar während unserer Rundfahrt: »Beim letzten Urnengang vor zwei Jahren soll die Wahlbeteiligung bei einem Prozent gelegen haben.«

Von diesem Faktum ließ sich der Präsident während seiner Rede nicht beirren: »Während der jüngsten Ereignisse ist mir klargeworden: Ich bin bereit, für die Demokratie zu sterben. Mit allem, was ich getan habe, habe ich nur die Demokratie und ihre Werte und Prinzipien gestützt.«

Wenn Mangope von den »jüngsten Ereignissen« sprach, meinte er den 10. Februar 1988. Am Morgen dieses Tages hätte fast ein Putsch den 65jährigen sein Amt und die Bophuthatswana Democratic Party die Macht gekostet. Ein Teil der Streitkräfte hatte damals versucht, den Weg für einen neuen Präsidenten freizuschlagen: den Führer der einzigen Oppositionspartei im Parlament, der Peoples Progressive Party. Auf den Straßen feierten Anhänger schon den gelungenen Umsturz, als auf einmal die südafrikanische Armee in den »freien« Staat Bophuthatswana einmarschierte und dem Spuk ein Ende bereitete – mit Panzern, Schützenwagen und Hubschraubern. Der Präsident – zu dieser Stunde noch im Schlafanzug im Unabhängigkeitsstadion gefangengehalten – wurde befreit. Nach fünfzehn Stunden war alles unter Kontrolle: Die Rebellen hatten den übermächtigen südafrikanischen Streitkräften nichts entgegenzusetzen; sie mußten kapitulieren. Eine Verhaftungswelle sorgte dafür, daß sie und ihre Sympathisanten hinter Schloß und Riegel landeten.

Noch während die letzten Leichen weggebracht wurden, hatten sich die Vertreter Südafrikas bereits um ihren

Schützling versammelt: Staatspräsident und Außenminister waren gekommen, um Macht und Einigkeit zu demonstrieren und den Dank des geretteten Mangope entgegenzunehmen: »Wir zählen auf Südafrika als loyalen Freund. Es besteht ein Unterschied zwischen einem guten und einem loyalen Freund. Und wir glauben, daß Sie ein loyaler Freund sind. Durch Ihre wundervolle Geste haben Sie uns gezeigt, daß Sie ein sehr loyaler Freund meines jungen Landes sind. Ich danke Ihnen dafür.«

Wohl weniger zu Ehren ihres wiederauferstandenen Präsidenten als vielmehr aus monotoner Gewohnheit singen währenddessen in einer anderen Ecke Bophuthatswanas Kinder die Nationalhymne:

Dieses Land unserer Väter wurde uns durch Gott geschenkt: ohne jedes Blutvergießen. Laßt uns dankbar sein, laßt uns stolz sein. Dem Land unserer Väter haben wir unser Leben gewidmet: Der Erhabene hat es gesegnet.

»Ein Homeland ist alles andere als ein Heimatland. Ein Homeland ist Hoffnungslosigkeit. Ein Homeland ist etwas absolut Künstliches. Ein Homeland ist ein Stückchen Land – meist noch sehr schlechtes Land –, auf dem Pretoria seine Probleme ablädt. Der liebe Gott hat auf jeden Fall wenig damit zu tun gehabt.«

Ina Pearlman ist die engagierte Direktorin der »Operation Hunger«, des Dachverbands von zehn südafrikanischen Hilfsorganisationen, die dem Hunger in den Homelands den Kampf angesagt haben. In regelmäßigen Abständen kommt sie mit Lastwagen voller Hilfsgüter nach Kuruman, einem der ärmsten Zipfel von Bophuthatswana.

»In dieser Gegend leiden 78 Prozent der Kinder unter fünf Jahren an Proteinmangel.« Während sie das erzählt, wird sie eingekreist von diesen Kindern – hohläugigen Geschöpfen mit geschwollenen Knien, geschwollenen Füßen und Haarausfall.

Die Helfer beginnen, die Lebensmittel vom Lastwagen abzuladen. Die monatliche Ration für eine siebenköpfige Familie besteht aus zwölfeinhalb Kilo Maismehl und fünf Kilo hochkonzentriertem Suppenpulver. Schon nach kurzer Zeit stehen Dutzende von Kindern Schlange vor einem großen dampfenden Topf und warten auf das Essen.

»Unser Projekt sorgt dafür, daß sie wenigstens einmal am Tag eine anständige Mahlzeit kriegen, was Proteine betrifft. Aber für die meisten der Kleinen ist das die einzige Mahlzeit überhaupt. Nur zehn bis zwölf Prozent dieser Kinder bekommen zu Hause ein Frühstück.« Und dies hier – es ist fast zwölf Uhr – ist für viele die erste und auch die letzte Mahlzeit am Tag.

Südafrika weist jeden Vergleich mit dem übrigen Afrika weit von sich, pocht darauf, daß es den Schwarzen am Kap besser gehe. Doch um das Schlimmste zu verhindern, benötigt »Operation Hunger« pro Jahr zwanzig Millionen Mark. Der größte Teil dieses Geldes wird durch Spenden im In- und Ausland aufgebracht, denn auf Hilfe aus Pretoria kann und will die Organisation nicht zählen. Aber auch ohne staatliche Unterstützung haben Ina Pearlman und ihre Helfer seit 1980 Hilfsprogramme für mehr als eine Million Menschen auf die Beine gestellt.

Doch Ina Pearlman weiß, daß trotzdem in diesem Jahr in Südafrika und seinen Homelands etwa fünftausend Kinder sterben müssen. Eine junge Ärztin: »Wenn man hier fragt, wie viele Kinder in einer Familie leben und wie viele dort sterben, so sind meistens, wenn man acht Kinder hat, schon drei bis vier an Durchfallerkrankungen gestorben. Der Tod wird von den Leuten hier schon fast als normal akzeptiert.«

Bophuthatswana – eine unabhängige Republik? Oder Müllabladeplatz für Südafrikas Apartheidsprobleme?

»Und dann fielen sie in Liebe . . .«

Deutsche am Kap

Hunderttausend deutsche Pässe samt deren Besitzern, knapp dreihundert deutsche Unternehmen (Schlaftabletten, Polizeihubschrauber, Luxuskarossen, Kraftwerkskessel, Lippenstifte, Militärunimogs, eingelegte Rollmöpse), fünf deutsche Schulen am Kap und im ehemaligen »Deutsch-Südwest« (»Wir pflegen nicht nur das deutsche Kulturgut«), deutsche Clubs (»Wir waren die einzigen, die Schwarze zum Tennisspielen eingeladen haben«), deutsche Feinkosthändler (Nürnberger Würstchen, Lübecker Marzipan, Aachener Printen), eine Trachtenkapelle, ein Theaterverein, ein Hofbräuhaus und leicht abgewandelte SS-Runen als qualitätsversprechendes Signet einer Sicherheitsfirma – Landsleute in Südafrika.

Es waren nicht gerade heimatlich-mollige Gefühle, die ihre Nähe in mir zu erwecken pflegte. Natürlich gab es auch hier die berühmten Ausnahmen, die die Regel bestätigen: eine Handvoll deutscher Freunde, bei denen ich mit selbstgemachter Linsensuppe oder Bratkartoffeln über gelegentliche Anfälle von Heimweh hinweggetröstet wurde. Im Grunde aber war ich nach allem, was ich mit den Vertretern meiner Nation am Kap erleben mußte, froh, wenn mich die Verkäuferin im Supermarkt zum dritten Mal auf französisch ansprach und ein höflicher Jungbure sich anerkennend über meine typisch italienischen Gesichtszüge ausließ. Denn ich war stets aufs neue erschrocken darüber, wieviel Lust einige Deutsche mit achttausend Kilometern Abstand von zu Hause am Herrenmenschenleben verspürten und wie leicht sie sich mit den südafrikanischen Gepflogenheiten taten, die gerade in Deutschland so heftig kritisiert werden.

Bei den weißen Südafrikanern ließen sich zumindest ein paar Erklärungen für ihr Verhalten anführen: von Kindheit an Schuluniformen, folgsames Auswendiglernen statt Selberdenken, paramilitärische Marschübungen oder Prügelstrafen auf dem Schulhof, Apartheid schon mit der Muttermilch, schwarze Kindermädchen oder Putzfrauen, an denen schon früh dominantes Verhalten gegenüber anderen Rassen eingeübt wird, und allabendliche Regierungspropaganda auf der Mattscheibe.

Aber meine deutschen Landsleute: Ein paar Jahre – manchmal schon ein paar Monate – reichten bei vielen offensichtlich aus, um sich am Kap so richtig zu Hause zu fühlen und »unser« Südafrika samt seinem System gegen den Rest der Welt zu verteidigen.

»Wenn du erst mal in Südafrika bist, mußt du uns unbedingt besuchen kommen. Du wirst dich wundern, da wird nicht so kleinkariert gelebt wie hier in Deutschland.«

Fotos, die dieses »nicht so kleinkarierte« Leben am Kap zeigten, hatten unsere ehemaligen Nachbarn sofort parat: Frau Nachbarin, mit Hüftspeck und Bikini, am Swimmingpool von vorne. Herr Nachbar auf der Veranda mit Blick über Pretoria. Einbauküche in Eiche rustikal mit einer schwarzen Haushälterin von hinten. Zu den Fotos begeisterte Beschreibungen der südafrikanischen Wirklichkeit: Also, ein Whirlpool sei doch einfach eine phantastische Sache, ebenso die Tatsache, daß drei der vier Schlafzimmer ein eigenes Bad hätten und daß sich die Garagentore per Knopfdruck öffneten. »Ach«, seufzte die ehemalige Nachbarin und jetzige Wahl-Südafrikanerin, »alles ist einfach so viel großzügiger und bequemer, und jeden Tag scheint die Sonne.« Um Beweise für die Überlegenheit des südafrikanischen Lebensstils nicht verlegen, streckte sie mir ihre Finger direkt vor die Nase: »Zum ersten Mal in meinem Leben hab' ich gleichmäßige Fingernägel und nicht mehr diese abgearbeiteten deutschen Hausfrauenhände.«

Zweifellos: Herr Nachbar hatte es zu was gebracht. Ehemals mittlerer Angestellter, war er in Deutschland monatelang arbeitslos gewesen, bevor er resigniert das Weite gesucht und schließlich einen Job bei einer deutschen Firma am Kap bekommen hatte.

Daß der wundersame Aufstieg unserer Nachbarn gar nicht so wundersam war, könnte ich erst begreifen, als ich selbst die achttausend Kilometer ans andere Ende der Welt hinter mich gebracht hatte. Dort gab es nämlich Hunderte solcher Nachbarn, die von sich selbst erzählten: »Hier kann man es noch zu was bringen.« Und von denen die Südafrikaner erzählten: »Die Deutschen sind eben effizient und fleißig und deswegen gerngesehene Gäste in unserem Land.«

Gerd: »Wir sind zwar nicht von Natur aus die tüchtigeren Menschen. Aber wir sind ganz anderen Druck gewöhnt und viel besser ausgebildet als die Südafrikaner. Und deswegen sind die meisten mit deutschen Qualifikationen hier in kürzester Zeit ganz vorne.«

Dieter: »Zu Hause war ich Dreher. Jetzt bin ich Leiter der Lehrlingsausbildung.«

Rolf: »Studiert habe ich nie, hatte in Deutschland nur einen Heimcomputer in meiner winzigen Zweizimmerwohnung. Hier bin ich der Computerfachmann in meiner Firma und fahre einen Dienstwagen.«

Deutsche wie Gerd, Rolf und Dieter finden sich zuhauf am Kap, und alle haben sie Blitzkarrieren vorzuweisen. Vielen hat allerdings das vollautomatische Garagentor oder der schwere Nußbaumschreibtisch im Büro den Blick für die politische Realität in Südafrika und die eigenen beruflichen Qualitäten versperrt. Nur ein einziger meiner vielen Gesprächspartner übte sich in meiner Gegenwart in Selbstanalyse: »Im Grunde sind wir nichts als kleine Vertreter, denen die Lebensbedingungen in Südafrika zu Kopf gestiegen sind. Wenn ich zurückkomme ins Mutterhaus nach Deutschland, bin ich ein Nichts, wenn ich Glück habe vielleicht ein Abteilungsleiter irgendwo im dritten oder vierten Stock, der für jede Verfügung eine zweite Unterschrift braucht. Hier aber lebe und herrsche ich wie ein Millionär.«

Solche Offenheit und Reflexion sind, wie gesagt, die Ausnahme. Die meisten in seiner Situation bewahren sich ihren süßen Rausch von Luxus und Karriere und vollziehen im kleinen nach, was die deutsche Industrie im großen verlockt hat, sich hier wirtschaftlich zu engagieren.

Auch wenn die deutschen Unternehmen es seit einigen Jahren nicht mehr offiziell verkünden – noch immer gilt vielen von ihnen Südafrika als das Land der goldenen Möglichkeiten. Investitionen machen sich dort schon in drei bis fünf Jahren bezahlt. Ein Pionierland, in dem ausländische Unternehmer von staatlichen Vorschriften und Reglementierungen nur wenig betroffen sind – so wurde Südafrika noch vor gar nicht langer Zeit als Unternehmerparadies in den Anzeigenteilen deutscher Wirtschaftsblätter gepriesen. Auch wenn die Prognosen über den Wirtschaftsstandort am Kap der Guten Hoffnung mittlerweile weniger optimistisch sind – noch läßt sich Geld verdienen in Südafrika. Dies gilt für große Unternehmen, die den Vorteil billiger Arbeitskräfte und arbeitgeberfreundlicher Arbeitsgesetze nutzen, ebenso wie für Selbständige, die mit ihrer Deutschen Mark doppelte Kaufkraft genießen. »Man hat einfach ganz andere Möglichkeiten hier. Zu Hause kostet ein Reihenhaus ja schon vierhunderttausend. Für dasselbe Geld kriegt man hier einen Palast. Warum sollte ich ein Reihenhaus im Regen einem Palast in der Sonne vorziehen?«

Aber es sind nicht nur Lebensstandard und bessere Marktchancen, die es den Unseren so leicht machen, sich am Kap wohl zu fühlen. »Südafrika hat die Großzügigkeit und die Weite Amerikas, ohne genauso eine Coca-Cola- und Wegwerfgesellschaft zu sein. Südafrika hat eben eine europäische Kultur. Außerdem sind die Supermärkte voll, voller als in manchem südeuropäischen Land. Man muß auf den Komfort nicht verzichten, den man von zu Hause gewöhnt ist – ganz im Gegenteil. Aber man braucht dafür eben nicht das in Kauf zu nehmen, was Deutschland einem abfordert: Hektik, Enge, Kleinbürgerlichkeit und schlechtes Wetter. Und wer hier dann noch mit ausländischer Währung lebt, der lebt doppelt und dreifach gut. Außerdem hat dieses Land ein einmaliges Klima und eine faszinierende Landschaft. Meiner Meinung nach kann man nirgendwo besser leben als hier.« So schwärmte einer der deutschen Neuankömmlinge und Investoren.

Der Manager eines südafrikanischen Staatsunternehmens erklärte mir ohne Umschweife: »Die Deutschen kassieren, ohne viel zu fragen.«

Warum er sich nicht kurzerhand ein neues Firmensignet gestalten ließe, wenn ihm dabei doch selbst die Haare zu Berge ständen? »Ja, wir wollen die Schriftzeichen in Zukunft etwas abändern. Nur, ob sie es nun glauben oder nicht, der Adler und die SS-ähnlichen Runen sind hier ungemein geschäftsfördernd.«

Der Adler und die SS-Runen zieren unzählige Schilder an den Mauern weißer Luxusvillen in Johannesburg. ACHTUNG! DIESES HAUS IST DURCH DEUTSCHE SPEZIALSICHERHEITSBEAUFTRAGTE GESCHÜTZT! steht auf den Schildern dieser Alarmanlagen- und Sicherheitsfirma mit deutscher Vergangenheit. Der erste Besitzer, der das

Unternehmen bis vor kurzem geführt und das Signet entworfen hat, war ein Nazi und ehemaliger Starfighter-Pilot bei der Deutschen Bundeswehr, bevor er sich nach Südafrika absetzte.

Warum er denn ein Geschäft mit einem solchen Hintergrund überhaupt übernommen habe, fragte ich seinen Nachfolger, der ebenfalls aus Deutschland stammt. »Ich denke in erster Linie wirtschaftlich. Auch der Grund, hier einzusteigen, war rein wirtschaftlich. Ich hab' gesehen, da kann man Geld verdienen, und zwar auf lange Sicht. Und von daher war Südafrika für mich schlicht eine gute Investition.«

Einen seiner besten Alarmanlagenverkäufer habe er von seinem Nazi-Vorgänger übernommen. »Das ist auch einer von der Rassistensorte. Der geht ganz unverhohlen von Tür zu Tür und erzählt den Leuten, sie wüßten doch aus der Vergangenheit, daß man sich todsicher auf Deutsche wie ihn und Zeichen wie die auf unseren Schildern verlassen könne.«

Das Geschäft mit Sicherheit und dunkler deutscher Geschichte läuft wie am Schnürchen. Die ersten Investitionen haben sich gelohnt: »Ich muß zugeben, als ich hergekommen bin, habe ich bei jeder Mark, die ich irgendwo reingesteckt habe, Angst gehabt, sie könnte vergeudet sein wegen der politischen Spannungen. Aber je länger ich hier lebte, um so mehr Vertrauen hab' ich zu dem Land gewonnen. Meine Vorbehalte werden mit jedem Tag, den ich hier bin, geringer. Wenn man herkommt, ist man viel empfindlicher. Aber wenn man Afrika – also nicht nur Südafrika – erst mal kennenlernt, dann sieht man eigentlich, daß es den Schwarzen hier gar nicht so schlechtgeht. Meine ganz offene Meinung: Ich möchte kein Neger sein. Aber wenn ich einer wäre, dann würde ich lieber einer in Südafrika sein als in Schwarzafrika. Im Vergleich leben die hier gar nicht so übel.«

Zweifellos gehört auch dieser Firmeninhaber zu den

Deutschen, zu denen meinem Bekannten Hardy immer nur der Satz einfiel: »Sie fielen halt in Liebe . . .« Was Hardy damit meint: Vor lauter Begeisterung für das Burenreich verlernen die Deutschen die eigene Sprache (»Sie fielen in Liebe« ist die wörtliche Übersetzung des englischen »*They were falling in love*«). Hardy lebt selbst seit zwanzig Jahren in Südafrika. Nach eigenem Bekunden hat er damals leichtfertig und aus purer Abenteuerlust seine Wurzeln in Deutschland ausgerissen, ohne sie jemals in Afrika wieder richtig einpflanzen zu können. Hardy meinte, ich müsse unbedingt zum jährlichen Bankett der deutsch-südafrikanischen Handelskammer mitkommen. »Wenn du die Deutschen in Aktion erleben willst, darfst du dieses Spektakel auf keinen Fall versäumen.«

Hardy im Smoking, ich im Glitzerkleid. Der Ballsaal eines Luxushotels und ein auserlesenes Auditorium. Da läßt es sich der Kammerpräsident nicht nehmen, höchstpersönlich die Tugenden der deutschen Unternehmer zu preisen: Mehr als hundert Millionen Rand hätten sie im vergangenen Geschäftsjahr für ihre mehr als dreißigtausend Beschäftigten an Sozialleistungen aufgebracht. Das gefällt. Man gefällt sich selbst. Begeisterter Applaus.

Aber dann betritt der diplomatische Geschäftsträger der Bonner Regierung das Rednerpult und verliest die offizielle Grußbotschaft aus der Bundesrepublik. Er spricht von der Verantwortung, dafür zu sorgen, daß auch die Schwarzen am Wirtschaftserfolg teilhaben, vom Einsatz für Reformen, Menschenrechte und Demokratie. Sein Vortrag endet mit der Feststellung: »Südafrikas Politik der Ungleichheit ist wirtschaftlich, politisch und moralisch unhaltbar.«

Ahnungslos folge ich einem inneren Impuls und klatsche kräftig in die Hände. Den Ton dieser Gesellschaft hier habe ich damit eindeutig verfehlt: Von Hunderten von schrillen Pfiffen attackiert, muß der Redner das Pult verlassen. »Anmaßung«, »Unverschämtheit«, so lassen sich die Herrschaften vernehmen, bis schließlich die schwarzen Kellner das Menü auftragen und die erzürnten Mäuler mit sahnigen Leckerbissen gestopft werden.

Nur einer kommt kaum zum Essen, weil er aus dem Stegreif den Gegenschlag auf die unerwartete Attacke vorbereiten muß: Der Ehrengast und Festredner des heutigen Abends ist ein bekannter Burenmagnat, der normalerweise als Mann der gemäßigten Reformen von sich reden macht. Nach dem letzten Löffel Dessert holt er aus: »Nehmt bloß nicht den Mund so voll!« Von besserwisserischen deutschen Oberlehrern ist die Rede. Er kenne Deutschland gut genug. Seine Rede gipfelt in dem üblichen Burenkommentar für solche Fälle: »Woher nehmen die Ausländer das Recht, uns Südafrikanern erklären zu wollen, was besser für Südafrika ist . . .?«

Das Ausländer-Auditorium nimmt sich das Recht, »Bravo« zu schreien und anschließend Schlange zu stehen, um des großen Mannes Hand zu schütteln. Dann widmet man sich endlich den Dingen, deretwegen man schließlich gekommen ist: Sehen und gesehen werden und Walzerdrehungen rechtsherum. Sogar ein paar Schwarze drehen mit.

Kameras haben Drehverbot, so wie schon während der vergangenen Jahre. Man möchte ja keinen schlechten Eindruck machen: »Ist doch klar, was das Fernsehen zu Hause in Deutschland aus unserem Bankett macht. Sobald wir uns mal amüsieren, ist doch gleich wieder die Hölle los. Als Unternehmer in Südafrika muß man eben 24 Stunden mit einem schlechten Gewissen und einer Büßermiene rumlaufen, sonst ist man für die am heimischen Bildschirm gleich ein rassistischer Ausbeuter.«

Genauso schlecht behandelt und mißverstanden wie die deutschen Unternehmer fühlt sich offensichtlich auch der Direktor der deutschen Schule in Johannesburg: »Tut uns leid, aber mit der Presse haben wir so schlechte Erfahrungen gemacht, daß ich auf weitere Interviews verzichten möchte.«

Seine Schule gilt am Kap als weiße Elite-Schule. Sie untersteht der südafrikanischen Schulaufsicht und führt zu südafrikanischen Abschlüssen, deshalb ist Deutsch in den oberen Klassen auch nicht mehr Unterrichtssprache. Seit Monaten schon liegt bei der zuständigen Schulbehörde ein Zuschuß von mehr als einer halben Million Mark auf Eis, weil man sich bei den Deutschen bisher noch nicht zur Einführung des am Kap üblichen täglichen Kadettendrills auf dem Schulhof durchringen konnte. Zu den 3500 Schülern gehören zweitausend Deutsche und eine Handvoll Schwarze. Seit Ende der siebziger Jahre versucht man von der Bundesrepublik aus, die weißen Schulen für nicht-weiße Schüler zu öffnen. Die Schulvorstände mußten mit der Drohung, die deutschen Zuschüsse würden anderenfalls gesperrt, geradezu dazu erpreßt werden, sich dieser Forderung anzuschließen. Doch aller guter Wille war vergeblich: Die Schulen am Kap hatten bald heraus, daß diese politische Nötigung für sie nicht gefährlich werden konnte. Denn nicht-weiße Kinder haben kaum eine Chance, die wichtigste Aufnahmevoraussetzung – Kenntnis der deutschen Sprache in einem Maß, das es ermöglicht, dem deutschen Unterricht zu folgen – zu erfüllen. Und im übrigen würden sie wegen ihrer sozialen Handicaps bald scheitern. So viel zu den Fakten.

Aber die Schilderungen des Sohnes einer deutschen Bekannten aus Johannesburg sind meiner Meinung nach weitaus aufschlußreicher als alle Fakten: Vor kurzem hat er eine schlechte Note in Geographie an seiner deutschen Schule bekommen, weil er die Homelands Transkei, Ciskei, Venda und Bophuthatswana nicht als souveräne Staaten im südlichen Afrika genannt hat. Und: »Jedesmal, wenn wir in unserem Schulbus an der jüdischen King-David-Schule vorbeifahren, gibt es eine ganze Reihe von Idioten im Bus, die aufstehen und die Hand zum Hitlergruß heben.«

Meine Landsleute in Südafrika. Die Hintergründe all dessen, was bei mir so oft ein Gefühl der Scham verursacht hat, hat Günter Verheugen in einer seiner Analysen zum Thema Südafrika zusammengefaßt: »Große Anpassungsprobleme scheint es für die Deutschen nicht zu geben. Es scheint eine irrationale, zutiefst emotionale deutsch-südafrikanische Beziehung zu geben. Die Buren und die Deutschen – ein wahrhaft merkwürdiges Kapitel der Geschichte. Sich durchsetzen gegen eine Welt von Feinden; lieber kämpfend untergehen, als auf irgendwas verzichten; ein Ordnungsprinzip durchsetzen, koste es, was es wolle; klare und unbestreitbare Strukturen in Befehl und Gehorsam von oben nach unten durchsetzen. Ist es das, was den Deutschen an den Buren so gefällt? Jeden Kritiker von außen als ahnungslos, jeden Kritiker von innen als Verräter abzustempeln, sich unverstanden zu fühlen von der übrigen Welt, fest an eine besondere eigene historische Sendung zu glauben; wirtschaftliche Stärke und militärische Macht als Ausweis moralischer Überlegenheit zu betrachten – sind das Eigenschaften, bei denen sich die Deutschen in den Buren wiederfinden?«

Die Welt in einem Land

Reisen in Südafrika

Der Sonnenuntergang von Key West, die neonfarbenen Korallenriffe im Roten Meer, die blauen Felsen auf dem Sinai, die nachmittags immer lila wurden, die Wüstenritte im Schatten der Pyramiden von Gizeh, die Gipfelbesteigung der italienischen Alpen in der Morgendämmerung, die Nebelschwaden über den Felsklippen von Sardinien, das morbide Zauberberg-Sanatorium in Nordportugal – von allem durfte ich nach meiner Rückkehr zu Hause stets hemmungslos schwärmen. Aber Südafrika? Laut verkünden, daß man es für eines der schönsten Länder der Welt hält? Die wilde Brandung am Kap der Guten Hoffnung schön finden?

Angesichts der schwarzen Slums in diesem Land und der Sträflingsinsel Robben Island, die von erwähnter Brandung umspült wird, wollte davon während der ersten emotionsgeladenen Diskussionen nach meiner Rückkehr aus Südafrika keiner etwas hören. Vielleicht wollte mir auch nur keiner offen vorwerfen, was unausgesprochen dennoch im Raum stand: daß man als Reisender am Kap selbst Nutznießer der sozialen und politischen Ordnung wird, die man als so menschenverachtend empfindet.

Ginge es nur um meßbare Größen wie Klima, Hotellerie, Gastronomie und Topographie – Südafrika wäre ein Reiseziel ohne Makel. Landschaftlich *ist* Südafrika ohne

195

Makel – *Die Welt in einem Land*, wie ein offizieller Werbeslogan verkündet. Was den Tourismus angeht, ist es eine Welt, in der alles funktioniert: Der Strom kommt aus der Steckdose, das warme Wasser aus der Leitung, die Flüge sind pünktlich, das Straßennetz könnte vom Reißbrett der im Ausland so gerühmten deutschen Autobahnbauer stammen, die Hotels bieten alternativ behagliche Behäbigkeit im Kolonialstil oder international durchgestylten Luxus, das reservierte Zimmer ist tatsächlich reserviert, der Service läuft reibungslos auch ohne Schmiergeld, das Essen variiert von deftiger Hausmannskost bis zu delikaten Häppchen – alles doppelt so lecker und halb so teuer wie anderswo.

Kurz: Südafrika ist Afrika gezähmt, europäisch dressiert. Vergeblich wartet man auf den Kulturschock, auf das befremdend kribbelige Gefühl, in eine andere Welt einzutauchen. Man kann sich tagelang in den Alltag stürzen, ohne auch nur einmal zu realisieren, daß der Eindruck, alles zu kennen und alles zu verstehen, trügt. Mediterraner Dauersonnenschein und mollige Temperaturen – und doch ist alles so korrekt deutsch organisiert, so wohlanständig und adrett, so funktional und saubermännisch, daß jedes verwöhnte Touristengemüt auch ohne den Bonus einer sechzehnprozentigen Inflationsrate vom Kap begeistert sein muß.

Vergeblich wartet man auf zerlumpte, bettelnde Kinder, auf Touristenghettos oder Betonsilos, die einem den Ausblick aufs Meer versperren könnten. Umweltsünden an Flora und Fauna werden mit Strafen geahndet, und Naturschutzgebiete und Wildbestände genießen grenzenlose Verehrung. Die Prediger des »sanften« Tourismus könnten hier wahrhaft zufrieden sein: Denn am Kap wird der Reisende nicht in künstlichen Luxusoasen kaserniert, in denen ihm das »wilde« Afrika hinter blankgeputzten, desinfizierten Gittern feilgeboten wird und wo sich Eingeborenenkultur allabendlich als Peepshow mit

wackelnden Hängebrüsten und originalgetreuen Lenden-
schürzen made in Taiwan auf der Hotelterrasse präsen-
tiert.

In Südafrika hat man den Eindruck, durch die Realität
eines Landes zu reisen anstatt in die Scheinwelt der Touri-
stenattraktionen. Nur daß diese Realität – und das ist die
ureigene südafrikanische Schizophrenie – doch wieder
nur eine weiße Scheinwelt ist. Denn am Kap entledigt
man sich aller afrikanischen Störfaktoren, die das rei-
bungslose »europäisch-zivilisierte« Leben bedrohen
könnten, nicht etwa durch Touristenghettos, sondern
durch Ghettos für die einheimischen Schwarzen. Letztlich ist die Realität, die der Reisende in den meisten Fällen
erfährt, eben doch nur ein wohlgefälliger Ausschnitt der
komplexen Wirklichkeit, der einen den politischen Über-
bau allzuleicht vergessen läßt: das System Apartheid, das
überall unsichtbar mitreist.

Wegen dieses Systems wollte, wie gesagt, kurz nach
meiner Rückkehr von grandiosen Landschaften und
Abenteuern unter wilden Tieren niemand etwas hören.
Aber gerade so frisch wieder im verregneten Deutschland, steckte mir die Wärme der anderthalb Jahre am Kap
noch in den Knochen. Immer wieder stiegen in meiner
Erinnerung die großartigen Bilder der vielfältigen Natur
zwischen Wüste und Meer auf: die gezackten Bergketten,
die klaren Hochebenen, die Savannen und Steppen mit
wilden Tieren, die einsamen Strände, die saftigen Wein-
güter und die kitschigen Sonnenuntergänge. All das war
auch Südafrika gewesen.

Das Südafrika, das nicht von Menschen gemacht worden ist und sich keinem System unterordnet. Das Südafrika, nach dem sich der Neuankömmling in Johannesburg vergeblich auf die Lauer legt, in dieser Stadt, wo
alles und jedes und jeder – ob schwarz oder weiß – fast
schon zwanghaft damit beschäftigt ist, möglichst offen,
zivilisiert und weltgewandt zu erscheinen. Dort sehnt

man sich vergeblich nach dem Gegenteil von Heimweh – danach, daß die Fremde sich endlich fremd geben möge und einen überrumpelt mit ihrer ureigenen, andersartig-unbekannten Faszination, die einem hilft, die eigenen Konventionen, die eigene Kultur, den eigenen Lebensraum in einem anderen Licht, von außen zu betrachten.

Südafrikas Afrika: Das ist natürlich vor allem der Busch. Nationalparks – Waffenstillstand zwischen Natur und Mensch.

Bei Sonnenaufgang rausfahren. Schreiende Go-Away-Vögel. Trockene Blätter rascheln im Morgenwind. Alles gibt sich ungeniert – streunt, balgt mit dem Nachwuchs, paart sich und macht dramatisch Beute. Eine Löwenmutter mit ihren hundegroßen Jungen nur ein paar Meter weit weg vom Jeep. Zum Streicheln nah, täuschend vertraulich, läßt sie sich von ihren Kindern am Ohr rupfen und sich den Bauch leersaugen, ohne sich an uns zu stören. Feststellen, daß sich die Tiere längst daran gewöhnt haben, daß Jeeps und Menschen anders stinken, aber nicht gefährlich sind, nur lästig. Allzumenschliches bei den Katzen: Die ältliche Leopardin, deren »heiße« Tage fast schon wieder vorbei sind, hat keine Lust. Der interessierte Leopardenjüngling zeigt sich wirklich von seiner besten Seite, stolziert um sie herum. Aber die Lady leckt nur gelangweilt ihre Pfoten, bevor sie geschmeidig von dannen gleitet. Der traurige alte Büffel, dessen Gefährtin man erschossen hat. Speckig-schwabbelige Nilpferdbabys beim Wasserplanschen. Schaukelnde Giraffen, unerhört weibliche Wesen mit langen Wimpern, langen Stöckelbeinen und noch längeren Hälsen, von denen sie mit der selbstverständlichen, arroganten Überlegenheit der Langen auf all die normalen Winzlinge scheinbar mitleidig herabgucken. Impalaherden, die bis zum Horizont reichen. Aasgeier, die einen längst unkenntlich gewordenen Kadaver zerrupfen. Picknick in der Abenddämmerung.

Impalafleisch mit Bohnen, auf dem Auspuff des Jeeps weichgekocht und mitten im Busch nach einem ausgedörrten Tag verschlungen. Verschwitzte, schlaflose Nächte unter Hüttendächern, auf denen spielende Affen ahnungslose Buschneulinge zu Tode erschrecken.

Südafrikas Afrika – diese endlose Weite: 1500 Kilometer von Norden nach Süden, von Johannesburg nach Kapstadt. Bei der Reifenpanne mitten in der Einöde eine Ahnung von den *voortrekker*-Torturen: mit dem Ochsenkarren auf zur Eroberung der Wildnis. Stundenlang nur beigefarbene Mondlandschaft, Steppe, Hoffen auf eine Tankstelle. Nach mehr als zwölf Stunden Fahrt verwandelt sich die Mondlandschaft in den Schwarzwald, der hier Tsitsikamma heißt und durch den der Afrikaungeübte Finger auf der glatten Landkarte eine Abkürzung gefunden zu haben glaubte. Dann aber nur dreißig Kilometer in drei Stunden. Es wird schon dunkel. Im Wald soll es wilde Elefanten geben. Endlich ein Haus. Nur der Wind pfeift noch durch die Ritzen, und eine ausgeblichene Nationalflagge, ehemals blau-weiß-orange, erinnert an die Patrioten, die hier einst den letzten Posten gehalten haben müssen. Neben dem Weg ein zwanzig Meter tiefer Abgrund. Der Weg gerade so breit wie das Auto, das im Matsch hin und her rutscht. Die sintflutartigen Regenstürme der letzten Tage haben alles hinweggeschwemmt. Zwei Frauen alleine im Auto heulen um die Wette. Es kommt trotzdem niemand zu Hilfe. Endlich – es ist fast Mitternacht – das Meer der Kapküste.

Südafrikas Afrika – Tausende Kilometer Strand: Kühle Atlantikwellen, lau und glatt der Indische Ozean. Am Kap der Guten Hoffnung strudeln beide ineinander. Einmal auf die berühmte Klippe hinaufpilgern, runtergucken und glauben, man habe das Ende der Welt gesehen. Dann am Tafelberg vorbei – gerade hat er sein weißes Tischtuch aus Wolken aufgelegt –, die Felsküste vor Kapstadt entlang, meterhoch über der Brandung darauf warten, daß die Sonne ins Wasser fällt. Am Kap sind die Sonnenuntergänge einzigartig – eine herrlich kitschige Schnulze, deren man einfach nicht müde wird.

Dafür oben an der Ostküste, nördlich von Durban, der Thriller mit dem weißen Hai, der mir vor die Füße klatscht, in den schönen weißen Sand. »Nur ein Baby, das durch die Strandschutznetze geschlüpft ist, um sich vor den gefräßigen Alten zu retten.« Der Mann rupft ihm den Haken seiner Angel aus dem Maul, zeigt mir die messerscharfen Sägezähne und wirft das glitschige Haibaby wieder ins Meer. Noch in Sichtweite paddeln die Badegäste.

Subtropischer Urwald hinter der Haiküste. Avocados und Bananen direkt vom Baum. Man schwitzt im Stehen und ißt und schläft am besten im Swimmingpool. Nur ein paar hundert Kilometer weiter landeinwärts: eine Handvoll Schneeflocken in den Drakensbergen. Erinnerungen an die Zeltnächte, die Wadenkrämpfe und Gipfelbesteigungen auf dem langen Marsch durch die Cederberge. Erinnerungen an den Morgennebel, an das feuchte Gras und die Shirazfelder – ganz allein zu Pferd durch die Weinberge vor Robertson.

Aber Südafrikas Afrika – das war vor allem Venda: ein Baum so gewaltig wie ein Berg, ein Stamm mit einem Umfang von vierzig Metern – der größte Baobab-Baum des Kontinents, so behaupten jedenfalls seine Fans. Auf einem seiner wuchtigen Äste sitzen – wie zwei winzige Käfer auf der Rinde – Tschilidzi und ich.

Tschilidzi – in deren Brust zwei Seelen sich fast erschlagen: afrikanischer Aberglaube und westlich trainierter Intellekt – hatte mich mitgenommen auf die Reise nach Venda, ins Land der Legende. Dieses fünf Stunden Autofahrt von Johannesburg entfernt liegende Homeland – im Osten der Krügerpark, im Norden Simbabwe – ist keines dieser burischen Kunstgebilde vom Reißbrett Pretorias.

Venda hat Geschichte, eine sich von den meisten anderen schwarzen Stämmen abhebende Sprache – an der eigenen Universität beschäftigt man sich ausgiebig mit beidem –, und auch sonst sind die vierhunderttausend Stammesangehörigen rund um die Soutpansberge kulturell unabhängig.

Pretoria behauptet: Auch politisch ist Venda unabhängig. Aber wie in all den sogenannten unabhängigen Homelands Südafrikas kann selbst der Tourist schnell erkennen, wie weit die Unabhängigkeit reicht. Spätestens merkt er es dann, wenn er sein Portemonnaie zückt: Die »Republik« liegt innerhalb der südafrikanischen Währungszone. Bezahlt wird mit Rand – von denen man allerdings im allgemeinen nicht viele braucht, hat man erst mal den üblichen Ausgangspunkt, die »Hauptstadt« Thohojandou und ihr einziges Luxushotel, hinter sich gelassen.

Einkaufszentrum, Staatsmuseum, Industriegebiet, Präsidentenresidenz und das obligate Spielcasino in besagtem Luxushotel können nur kurz den schönen Schein der florierenden Selbständigkeit aufrechterhalten. Schon wenige Kilometer vor den Toren der Stadt lauert Afrika: wenn ohne Vorwarnung die Teerstraßen abreißen und sich vor einem die fruchtbare rote Erde des hügeligen, mal saftig grünen, mal versteppten Vendalands auftut.

Erst hier ist Tschilidzi richtig in ihrem Element. Unermüdlich führt sie mich durch ihr Land und durch seine Geschichte. Stundenlang sind wir auf müden Beinen die Berge hinaufgestiegen, auf der Suche nach den strichmännchenartigen Buschmannmalereien. Der Sitte entsprechend haben wir uns auf Knien in Hütten geschoben, im Bewußtsein, daß dort nicht schon Dutzende von anderen fahlweißen Touristenknien genau das gleiche getan haben.

Nach dem Picknick auf den saftigen Hügeln mit Blick über das spärlich besiedelte Land zeigt Tschilidzi endlich

Mitgefühl mit der ausgetrockneten, verstaubten Kreatur, die unbedingt ihr Reich kennenlernen wollte und jetzt kaum noch stehen kann: Sie führt mich zu ihrem Wasserfall mit Namen Phiphidi und hüpft, kaum angekommen, aus ihren Kleidern unter die »Dusche«. Ich solle mich nicht zieren: Höchstens ein paar Zebra-, Kudu- oder Giraffenaugen könnten durch die Blätter blinzeln.

Es ist nicht nur die Natur, die Vendas ungebändigte 6500 Quadratkilometer so faszinierend macht. Es sind vor allem Tschilidzis Geschichten aus dem »freundlichen Land der Legende«, wie die Vendas ihr Gebiet nennen – winzige Beweisfetzen, daß der Burenwahn des Trennens, Umsiedelns und Entwurzelns noch nicht alles kaputtgeschlagen hat, was über Ewigkeiten gewachsen ist. Fast jedes Plätzchen, jede heiße Quelle oder Ruine wird von Tschilidzi mit einer Sage umgeben – mit mythischen Gestalten, die nur ein Auge, ein Bein, einen Arm haben und schon lange tot sind. Um sie herum wachen brüllende Löwen und kampflustige Paviane. Wer sich ihnen nähert, dem droht, von Riesenpflanzen verschlungen zu werden. Und wenn sie einmal als Elfen oder Geister raschelnd und glucksend durch Wälder und Seen huschen, dürfen sie dabei auf keinen Fall gestört werden, denn sonst könnte man ihr Wohlwollen verlieren, sich ihren grollenden Zorn einhandeln.

Von diesen halbkörperlichen Vorfahren der Vendas ist in Tschilidzis Geschichten immer wieder die Rede. Auch heute noch halten die Nachkommen sie mit andächtigen Opfern und uneingeschränktem Respekt bei Laune und lästige Störenfriede um jeden Preis von ihnen fern. Der heilige Wald *Thathe Vondo* ist tabu für Kameralinsen und trampelnde Touristenherden. Und auch die Mysterien des geweihten Sees Funduzi werden für unsereins unter seinem kräftigen, tiefen Blau verborgen bleiben, sollte seine Priesterin nicht eine der seltenen Ausnahmegenehmigungen erteilen.

Nicht mal Tschilidzi hat an diesem Tag Erfolg bei ihr. Deshalb schleppt sie mich auch zum Baobab-Riesenbaum und gönnt mir ausnahmsweise eine Siesta auf seinen knorrigen Armen, um mir ein altes Buschmann-Märchen zu erzählen. So erfahre ich, warum die Menschen sterben müssen:

Die Menschen auf der Erde wollen nicht sterben. Sie wollen zurückkommen wie der Mond. Darum schicken sie Tausendfuß zum Mond. Und Tausendfuß soll sagen: »Mond, die Menschen auf der Erde wollen nicht sterben. Sie wollen zurückkommen wie du.«

Tausendfuß reist zum Mond. Unterwegs trifft er Chamäleon und erzählt: »Die Menschen auf der Erde wollen nicht sterben.«

Chamäleon reist zum Mond. Er sagt zum Mond: »Die Menschen auf der Erde wollen sterben. Sie wollen nicht zurückkommen wie du.«

Endlich kommt auch Tausendfuß zum Mond. Er sagt: »Mond, die Menschen auf der Erde wollen nicht sterben. Sie wollen zurückkommen wie du.«

Tausendfuß ist zu spät gekommen. Der Mond hat schon getan, worum Chamäleon gebeten hat.

Darum sterben Menschen auf der Erde. Sie können nicht zurückkommen wie der Mond.

Hungern für die Humanität

Mosambik nach der Unabhängigkeit

So wird es uns auch gehen, wenn die Schwarzen an die Macht kommen.« Unzählige Male hatte ich diesen Satz in Südafrika gehört. Die Frontstaaten nördlich der Kaprepublik wurden immer als abschreckendes Beispiel angeführt, wenn über eine mögliche schwarze Zukunft für Südafrika diskutiert wurde.

Nach einigen Monaten entschied ich mich, eine Reise in einen dieser Frontstaaten zu unternehmen. Ich wollte selbst sehen, ob die Schreckgespenster der weißen Südafrikaner denn in der Realität auch wirklich so schrecklich sind.

Aber erst als einige Kollegen all ihre Beziehungen hatten spielen lassen und ich diverse Bestellungen von mosambikanischen Beamten entgegengenommen hatte (»Ein paar schwarze Schuhe für meine Frau, Kugelschreiber, Seidenstrümpfe und Schokolade für die Kinder . . .«), wurde mir nach vier Wochen schließlich ein Einreisevisum von den mosambikanischen Informationsbehörden erteilt.

Wieder hatte ich mich vorher bestmöglich informiert. Die Fakten, die ich mit über die Grenze nahm: Vierhundert Jahre lang war das fruchtbare Küstenland im Süden Afrikas kleingehalten und ausgepreßt worden von seinen portugiesischen Kolonialherren. Palmen, Strände, Wälder und Plantagen, Urlaubsoasen und endlose Landgüter

– ein prosperierendes Kolonialistenparadies reinster Sorte, eine unbefleckte, weiße Wohlstandsfront ohne schwarzen Makel. Anweisungen kamen aus Lissabon, Erträge gingen nach Lissabon. Die Kolonie entwickelte sich prächtig – für ihre weißen Herren und deren weiße Freunde aus den Nachbarländern.

Dann: Politische Wende in Portugal und lautes Aufbegehren der immer einflußreicher werdenden Frente de Libertacaō de Mocambique (Frelimo), der damaligen schwarzen Widerstandsbewegung im Lande. Am 25. Juni 1975 wurde Mosambik endgültig seiner marxistisch-leninistischen Freiheit überlassen und damit der Frelimo unter Samora Machel.

Vierzehn Jahre später ist das Land im Nordosten Südafrikas eines der ärmsten der Welt, ausgezehrt von einem blutigen Buschkrieg und einer immer weiter um sich greifenden Hungersnot.

Mosambik muß das ohnmächtige Schicksal aller Frontstaaten im Süden Afrikas teilen: Handel, Krieg und Abhängigkeit verbinden die Frelimo-Marxisten zwangsweise mit dem allmächtigen, dem kapitalistischen Südafrika. Absurde Bande zwischen zwei Nachbarn, die sich fremder nicht sein könnten.

Elendgraue Schönheit

Mein Lieblingsplätzchen: erste Etage, Eckbalkon, mitten in der Hauptstadt Maputo. Am schönsten ist es morgens, wenn die tägliche unerträgliche Schwüle noch gar nicht gemerkt hat, daß ihre Zeit gekommen ist, die kühle Nacht abzulösen. Selbst bei geschlossenen Augen sagen dann die Ohren, daß man nicht in Südafrika ist: Zu viele Hunde kläffen zu laut und unerzogen tölenhaft. Das Springseilchen schlägt monoton auf die staubige Straße und läßt sich nur gelegentlich von einer Autohupe unterbrechen.

Manchmal wird das Klatschen des Seils von den Kinderstimmen übertönt, wenn ein einzelnes Lachen, Brüllen,
Kreischen oder Weinen für einen Moment aus dem Stim-
mengewirr hervorhüpft, ohne daß man allerdings ein weißes Kreischen von einem schwarzen unterscheiden
könnte – oder wollte. Schöner »grauer« Stimmenbrei, ein
Ohrenschmaus, in dessen Genuß man nebenan, im fernen
Südafrika, niemals kommen konnte. Dort in der Kaprepublik werden die Stimmen weißer Kinder von massigen
Gartenmauern verschluckt, und die schwarzen Horden
verschwinden hinter Township-Abgrenzungen.

Wenn man seinen Ohren nicht traut, kann man hier
oben auf dem Eckbalkon zur Sicherheit ruhig die Augen
wieder hinzuziehen. Gleich auf der gegenüberliegenden
Straßenseite ein vierstöckiges Mehrfamilienhaus, unter
dessen abblätternder Farbe sich Risse wie Adern unter der
Haut abzeichnen. Von den sechzehn Fenstern sind dreizehn scheibenlos nackt. Die Haustür ist nur noch ein mit
Brettern notdürftig vernageltes Gerippe, aus dem unauf-
haltsam schwarze Kindermengen herausquellen. Abends
kann man von hier oben in die Parterrewohnung lugen,
wo sich ein wucherndes Familiengewimmel sein Lager auf
dem Boden bereitet.

Nebenan ein kleines Haus im Kolonialstil – von den
Menschen verlassen, seit langem verwaist. Auch dieser
Nachbar ist von der Revolution bis auf seine Mauern
ausgehungert. Seine einzige Gesellschaft ist ein verroste-
ter, verbeulter Autotorso vor dem Gartenmäuerchen.
Das kleine Haus ist eine traurige Spielwiese für koloniale
Phantasien. Oft hab' ich oben auf meinem Balkon die
Augen wieder geschlossen, um in Gedanken durch seine
Jugend zu streunen:

Irgendwann einmal . . . Der Fado summt mit dem
alten Casablanca-Ventilator. Draußen glänzen die roten
Dachziegel in der prallen Sonne, und das Lachsrot der
Verandasäulen schimmert im Schatten der Bäume. Inmit-

ten dieser Idylle plaudern die beiden Portugiesinnen mit Hut auf der Veranda. Zwei nette, adrette Damen. Auf ihrem mit Schondeckchen bezogenen Roßhaarsofa schwitzen sie über vielversprechenden Zukunftsvisionen, in der Gewißheit, daß ein schwarzer Diener in weißen Kniestrümpfen und Khakiuniform ihnen gleich die kühlende Limonade servieren wird . . .

Ein verstaubtes Zitat aus meiner Zettelwirtschaft hätte die Damen schon damals warnen können:

Nur Dummköpfe oder unbesonnene Menschen, oder solche, die eine leidenschaftliche Liebe für die Kolonie hegen – die, die wir »gute Kolonialisten« nennen, weil sie alles auch dort zu Grabe tragen wollen, wo es entstanden ist – diese wagen es, ihren angesammelten Wohlstand hier auf Unternehmungen zu verwenden. Jeder andere nimmt von der Provinz, was er kriegen kann, und investiert es dort, wo er die Sicherheit hat von größerem und größtem Gewinn, ganz ohne Arbeit und Sorgen.

Ein dumpfer Ruck unten auf der Straße rüttelt mich wieder aus meinen Träumen. Mit einem Mal hat das Auto an der Ecke Schlagseite. Das riesige, kraterartige Schlagloch da gleich bei der Straßeneinmündung ist schon seit Tagen mein wichtigstes Orientierungsmerkmal in der vergammelt einheitlichen Trostlosigkeit von Maputos Straßen: Am einzigen Haus dieser Gegend mit vollständig erhaltenen Fensterscheiben links abbiegen – und dann hier am dicken Loch wieder rechts. Endlich zu Hause!

Jetzt beschäftigt sich eine schwarze Menschenschar da, wo sonst das Loch ist, mit Autostemmen. Keine Chance: Das Loch ist zu tief und der Reifen zu platt. Erst als der Zufall einem Glücklichen den Wagenheber in die Hand gespielt hat und dieser bis zum Anschlag hochgedreht ist, verstummt das heftige Palaver für einen ratlosen Moment, bis der Menschenauflauf sich schließlich vor Lachen schüttelt: So ein kleines Ding stärker als eine Schar ausgewachsener Männer?!

Bis zum Tage, an dem Portugal vor dreizehn Jahren seine Kolonie aus den Klauen ließ, war es schwarzen Mosambikanern nicht einmal erlaubt, Kfz-Mechaniker zu werden. Nur wenige konnten überhaupt Auto fahren. Das einzige, was die portugiesische Kolonialherrschaft überhaupt erst zu- und später hinterließ, war ihre aus dem fernen Europa eingeschleppte Sprache.

Die hoffnungslos überforderten Marxisten brauchten da kaum noch Dürrekatastrophen und den von Südafrika unterstützten Buschkrieg, um sich in etwas mehr als einem Jahrzehnt unter die Ärmsten der Armen herunterzuwirtschaften.

Das befreite Mosambik ist ruiniert.

Süße Verlockungen für eine hungernde Revolution

Geld zeichnet sich durch Wertlosigkeit aus, die oft auch noch mit Nutzlosigkeit gepaart ist. Draußen im Busch lehnt ein hilfsbereiter Mann den Dollar Trinkgeld dankend ab und bittet statt dessen um zwei Zigaretten. Für das Geld könnte er sich nichts kaufen. Die paar noch verbliebenen Geschäfte sind leer.

Und in der Hauptstadt Maputo sieht's auch nicht viel besser aus: keine Streichhölzer oder Kerzen, wenn mal wieder der Strom ausfällt. Kein Benzin, höchstens auf Marken, die von einflußreichen Genossen an beziehungsreiche Genossen verteilt werden.

Ein bißchen gleicher als die übrige Bevölkerung scheinen auch die wenigen noch verbliebenen Portugiesen, Diplomaten und Mitarbeiter der Hilfsorganisationen, zu sein. In ihren Häusern – man erkennt sie unzweifelhaft an den peniblen Vorgärten und dem frischen Farbanstrich – in diesen Häusern verbergen sich fast immer Schatzkammern, in denen sich delikaterweise Dosenfrüchte, Zucker und Wein aus dem regierungsamtlich verpönten Südafrika stapeln.

Heimlicher Grenzschmuggel? Nur noch selten. Die Buschkämpfer im Hinterland zwischen Südafrika und Maputo sollen schnell bei der Hand sein mit dem Nase- und Ohrenabschneiden, wenn sie Grenzgänger mit einem Laib Brot erwischen. Und für eine Dose Leberwurst oder ein paar Flaschen Schnaps opfern sie auch schon mal Menschenleben.

Angesichts solcher Tatsachen heißt der sicherste Weg zum Luxus *Interfranca*, die mosambikanische Variante zum Ost-Berliner Intershop. Der Schlüssel zu diesem Schlaraffenland mitten in Maputo ist aber nicht der Metical, die mosambikanische Währung – sondern das sind Dollar, Rand oder D-Mark. *Interfranca* – das ist Supermarkt, Boutique, Hifi-Shop. Da lullen sich aus den Lautsprechern Tom Jones oder die *Dire Straights* um Whisky-Flaschen, Tennisröckchen oder Klopapierrollen, auf die sich die blonden Friedensstifter aus dem Norden mit der gleichen Begeisterung stürzen wie die Antikapitalisten aus dem Regierungskader.

»Es lebe der Marxismus!« schreit man auch draußen im Land nicht mehr so laut, nachdem dieser mittlerweile Tausende von Menschenleben gefordert hat. Die Revolution hungert, weil sie seit ihrer Geburt vor vierzehn Jahren nur noch mit Waffengewalt zu schützen ist. Offizielle Schätzungen gehen davon aus, daß in diesem Jahr Getreidehilfe von mindestens siebenhunderttausend Tonnen nötig ist, um eine Massenhungersnot unter den zwölf Millionen Mosambikanern zu verhindern. Auch Importe für über eine halbe Milliarde Dollar im letzten Jahr konnten das marode Mosambik nicht wieder in Schwung bringen. Nachdem man 1987 nur noch für hundert Millionen Dollar exportieren konnte – hauptsächlich Krabben und Nüsse –, muß die Regierung des vor einem guten Jahrzehnt noch florierenden Agrarlandes inzwischen ihre riesigen Staatsfarmen in überschaubare Einheiten zerschlagen und entgegen der einstmals »reinen« Lehre mit Produktivitätsanreizen locken.

Die ersten Resultate scheinen vielversprechend, und so mußte sich Präsident Chissano, ein in Lissabon ausgebildeter Mediziner und überzeugter Marxist, langsam der deprimierenden Realität beugen: Pragmatische Lösungsversuche gehen einher mit einer schleichenden Öffnung Richtung Westen und vergleichsweise radikalen Wirtschaftsreformprogrammen.

Im Moment bemüht man sich gerade um westliche Berater für die brachliegenden oder wenig produktiven Reis-, Tee- und Baumwollplantagen. Allerdings überwiegt noch die Skepsis: »Die haben doch seit über vierzig Jahren Frieden in ihren Ländern. Die können gar nicht wissen, wie man einen Acker mit dem Gewehr in der Hand bestellt«, sagt ein Mosambikaner, der die Arbeit der ausländischen Agrarberater vor Ort beobachtet hat. Die Möglichkeiten der Entwicklungshelfer hängen, ebenso wie alle wirtschaftlichen und politischen Perspektiven, letztlich von der Entwicklung des blutigen Buschkrieges gegen die Renamo-Truppen und damit von Südafrika ab.

»Nachbarschaftshilfe«

»Ein instabiles Mosambik liegt nicht im Interesse Südafrikas. Niemand mag instabile, arme Nachbarn. Sie können nichts von dir kaufen. Du kannst nicht mit ihnen handeln, da sie nichts bezahlen können. Ganz im Gegenteil: Normalerweise kommt ein solcher Nachbar immer mit ausgestreckter Hand und will was von dir.«

Leslie Labuschagni, der für die Frontstaaten zuständige Mann im südafrikanischen Außenministerium, lehnt sich selbstzufrieden und von der Überzeugungskraft seiner

Logik tief beeindruckt in seinen Lehnsessel zurück. Was für eine einfältige Behauptung es doch offensichtlich von mir gewesen war: Südafrika schüre den Krieg bei seinem marxistischen Nachbarn, um ihn bewußt zu destabilisieren.

Aber da ist zum Beispiel die machtvolle südafrikanische Armee. Sie unterstützt zusammen mit ehemaligen portugiesischen Siedlern und einigen rechtsradikalen brasilianischen Millionären die oppositionellen Renamo-Truppen. Diese Renamo-Truppen wiederum wüten gegen die mosambikanische Regierung und zerstören dabei unter anderem die Stromleitungen zwischen dem Super-Wasserkraftwerk Cabora Bassa im Norden des Landes und der Kaprepublik im Süden. Und anschließend ist es dann die südafrikanische Elektrizitätsgesellschaft ESCOM, die mit Eifer versucht, alles wieder aufzubauen, was mit finanzieller und militärischer Unterstützung ihres eigenen Landes zerstört wurde.

Die südafrikanische Regierung hat zusammen mit den mosambikanischen Kaderführern 1984 in der Grenzstadt Nkomati einen Friedensvertrag unterschrieben, der beide Seiten verpflichtet, den Terrorismus gegen das jeweils andere Land nicht mehr zu unterstützen. Im August 1985 erobern Frelimo-Truppen und ihre Unterstützer aus Simbabwe einen Renamo-Stützpunkt im mosambikanischen Gorongosa. Und siehe da – die Dokumente, die die flüchtenden Rebellenführer zurücklassen müssen, beweisen: Die südafrikanische Armee hat die Rebellen versorgt und trainiert.

Und nicht zu vergessen – im vorletzten Jahr hob die gleiche südafrikanische Armee einen ANC-Stützpunkt in Maputo aus.

Und schließlich der Bericht eines ausländischen Entwicklungshelfers in Maputo – eine Geschichte, für die ich zwar keine Beweise liefern kann, die mir aber nach allem, was ich erlebt habe, nicht gerade in krassem Gegensatz zur Wahrheit zu stehen scheint: »Drei Tage lang konnte keines unserer Versorgungsschiffe den Hafen anlaufen. Wie sich herausstellte, war dieser von Regierungstruppen vermint worden. Man hatte in Maputo Informationen erhalten, die besagten, daß die südafrikanische Marine an einem bestimmten Tag Unterstützung für die Renamo-Banditen einschiffen wolle. Bis heute sind die Schiffe nicht aufgetaucht, zumindest dort nicht. Und so mußte die ganze Aktion wieder abgeblasen werden. Nur, was jetzt tun mit den Minen? Leider hatten die Frelimo-Mariner nämlich keinen Plan für die Verminung angelegt, so daß man die Sprengkörper nicht mehr lokalisieren konnte. Spezialisten und Ausrüstung gab es auch nicht. Schließlich mußte man ein Minensuchboot kommen lassen. Aus Südafrika!«

Die Kinder des Krieges

»Die Mütter lassen ihre Kinder bis auf die Knochen abmagern, nur um ihr Leben zu retten. Sie wissen genau, was die Renamo-Banditen mit wohlgenährten Kindern machen. Sie verschleppen und ermorden sie, um sie anschließend zu . . . essen.«

Theresa stockt, bis sie das Wort »essen« über die Lippen bringt. Eine kleine Frau, so Ende Vierzig, ein bißchen untersetzt, leises Stimmchen. Sie wirkt eher wie eine biedere Hausfrau und nicht wie eine Fernseh-Journalistin, die jetzt schon zum dritten Mal von da zurückgekehrt ist, wo schon lange kein Mensch mehr freiwillig hingeht.

»Wir haben da draußen im Busch Reste von Kindern gefunden, bei Soldaten, die so mit Rauschgift vollgepumpt waren, daß sie nicht mal mehr ihren eigenen Namen wußten.« Das Material, das Theresa da draußen im Krieg gesammelt hat, wäre genau der richtige Stoff für den erfolgsträchtigen Reporter-Bestseller, der seine Leser mit hautnah erlebten Storys schockiert.

Wenn ich mich doch bitte bei der Quellenangabe auf ihren Vornamen beschränken würde. Sie habe schon Scherereien genug mit ihren Recherchen. Theresa erzählte weiter, immer noch eher persönlich berührt als professionell distanziert. Gerade habe sie eine Gruppe von dreißig Kindern zwischen fünf und fünfzehn Jahren hier in Maputo besucht, die von den Frelimo-Truppen aus den Händen der Renamo befreit werden konnten. »Erst werden diese Kinder gekidnapt. Meistens müssen sie dann auch noch mit ansehen, wie man ihre Eltern umbringt – alles ganz normale Zivilisten, die da draußen sowieso schon ein armseliges Leben am Rande des Existenzminimums führen. Dann verschleppt man sie ins Militärlager, wo die unmenschliche Tortur erst richtig beginnt. Man trainiert sie zu Mördern. Man bringt ihnen bei, was man mit Maschinengewehren macht und daß man Menschen, die nicht spuren, aufspießt oder ausplündert. Wer nicht blind gehorcht, wird umgebracht.«

Als Theresa dann von den kleinen Mädchen erzählt, die in den Lagern festgehalten und je nach Bedarf vergewaltigt werden, muß ich mich zwingen, das Gespräch weiter durchzuhalten. In der Hoffnung, es könne diese Horrorgeschichten von mir selbst fernhalten, halte ich ihr schon seit einigen Minuten das Mikrofon hin und konzentriere meine Gedanken auf diese Frau und ihre journalistischen Wertigkeiten.

Sie ist Portugiesin. Nein, sie war Portugiesin. Sie habe die mosambikanische Staatsangehörigkeit angenommen, weil dies ihr Land und ihre Zukunft sei.

Mir fallen die mosambikanischen Flüchtlinge ein, die ich in Südafrika erlebt habe. Vor zwei Wochen war es. Ich hatte in Gazankulu recherchiert, einem kleinen Homeland am Rand des Krügerparks, der entlang der Grenze zu Mosambik verläuft, als etwa fünfzig zerrupfte, fast verhungerte Lebewesen dort ankamen. Ich war wohl die einzige damals, die freudig überrascht über ihr Erscheinen war. »Schon wieder neue! Wir wissen langsam nicht mehr, wohin mit all den Leuten aus Mosambik«, erzählte mir einer der Beamten aus Gazankulu. Selbst alles andere als üppig ausgestattet, hatten sie für die Neuankömmlinge ein riesiges, doch mittlerweile völlig zerlöchertes Zelt aufgeschlagen.

In einer Ecke dösten ein Mann und seine vielleicht fünfzehn Jahre alte Tochter. Zögernd begann der hagere Mann: »Sie hatten uns erwischt, die Banditen von der Renamo. Wenn ich nicht meine eigene Tochter am nächsten Baum erschlagen würde, dann würden sie uns beide umbringen. Ich sollte sie mit dem Kopf gegen den Stamm hauen, bis sie . . .« – er gräbt seine Fingernägel in die Schulter – » . . . diese Bestien!«

Die beiden hatten Glück gehabt. Die Regierungstruppen von der Frelimo waren diesmal rechtzeitig zur Stelle gewesen.

Der Vater erzählte weiter: »Wir wissen doch gar nicht mehr, zu wem die Banditen eigentlich gehören. Immer mehr von den Jungs da draußen im Busch morden und rauben einfach nur so, nicht gegen die Regierung, sondern für den Lebensunterhalt.«

»Ja, und die anderen, die wirklich von der Renamo sind, die haben mal was in unserem Dorf vergessen, als sie schnell flüchten mußten: einen Fallschirm von der südafrikanischen Armee . . . Und jetzt sind wir nach Südafrika geflüchtet.« Das Mädchen guckt mich fragend an.

Theresa. Ihre Erzählungen gehen mir unter die Haut. Die Journalistin. Sie ist mir fremd. Sie hat nicht das Voyeuristische der rasenden Erfolgsreporter an sich. Sie ist Teil des Elends, über das sie berichtet. Ihr Journalismus ist weniger Selbstbefriedigung als politisches Mittel.

»Die dreißig Jungs, die ich hier gesehen habe, sind leider nicht die einzigen. Seit etwa zwei Jahren scheint dieser grausige Kinderfang bei den Banditen üblich.« Theresa wirkt resigniert: »Sie bekommen keine Soldaten mehr, und so machen sie eben Kinder zu Marionetten. Eine ganze Generation von heute wird langsam von einer Generation ohne Morgen ausgerottet. Unsere Revolution? Eine Revolution für die Toten!«

A luta continua! Viva, viva! Viva a revolucaō! A luta continua! Viva . . . Ich muß an die unzähligen, immer gleichen, immer wiederkehrenden Parolen an den Hauswänden von Maputo denken. Irgendwann vor etwas mehr als einem Jahrzehnt hat bestimmt auch Theresa in der fanatisch grölenden Menge berauscht die Faust in der Luft geballt und hoffnungsfroh mitgepinselt: *A luta continua! Viva a revolucaō!* – Der Krieg geht weiter! Es lebe die Revolution!

» . . . Unsere Revolution? Eine Revolution für die Toten!«

Die Freiheit – das Gefängnis

Carlos ist ein ganzes Stück älter als Theresa. Offensichtlich kann er aber immer noch besser träumen und sich hinter seinen Phantasien verbarrikadieren: Wenn ich nur Mutatell kennen würde! Mutatell – so etwas sei erst in einem sozialistischen, freiheitlichen Mosambik möglich geworden. Mutatell – keine Grenzen, keine Schranken, Selbstverantwortlichkeit, Vertrauen, totale Freiheit. Mutatell!

Mit seinen schwärmerischen Erzählungen von Mutatell wirkt Carlos wie einer dieser Regierungspropagandisten aus dem Nachbarland Südafrika: »Aber in Soweto gibt es auch Millionäre! Und wir haben doch jetzt auch schwarze Topmanager!«

In Mosambik werden die Zustände immer schlimmer. Schwarze metzeln Schwarze ab. Kinder erstechen Soldaten. Soldaten essen Kinder. Bewußtsein für Moral, für Recht und Unrecht ist ein Luxus, den man sich schon längst nicht mehr leistet. Und da kommt mir Carlos mit seinem sozialistischen Werbespot: Mutatell – größer, reiner, freiheitlicher . . .

Mutatell ist ein Gefängnis und Carlos sein Direktor. Mit seinem alten Lada stehen wir vor einem morschen Schlagbaum mitten in einem großen Feld. Was man hier vor Augen hat, wirkt eher wie eine große, üppige Farm. Irgendwo fängt Mutatell draußen vor den Toren Maputos an, und irgendwo hört es auch wieder auf. Ein kleines schwarzes Männlein in einem blauen Overall hat bis eben noch neben der Schranke im Gras gesessen. Jetzt läßt er uns rein. Als der Wagen direkt an ihm vorbeifährt, bleibt kein Zweifel mehr: Der Wachmann ist unbewaffnet. Noch ein paar hundert Meter geht es über den Feldweg, bis das eigentliche Gefängnis endlich vor uns liegt.

Es ist wunderschön. Tatsächlich ein altes Gehöft. Wie Carlos erklärt, alles in allem etwa hundert Hektar groß. Nur der obligatorische Zaun fehlt. »Selbst wenn wir einen wollten, wir könnten ihn uns nicht leisten. Auf jede Spende, auf jede Kiste Kleidung sind wir angewiesen und natürlich darauf, daß unsere Landwirtschaft funktioniert und die Erträge stimmen«, erläutert Carlos, der sich vor lauter Stolz auf Mutatell kaum bremsen kann. Der offene Vollzug hier, das sei seine Idee gewesen, für die er jahrelang bei der Regierung gekämpft habe. Und auch heute noch sitze er auf einem Pulverfaß. »Wenn einer der neunzig Schwerverbrecher – die meisten sind Mörder und von mir für dieses Projekt handverlesen – das Vertrauen und die Freiheit ernsthaft mißbraucht, ist Mutatell erledigt.«

Carlos zerrt mich weiter übers Gelände: saftige Palmen, Weinranken, Orchideen, Mangobäume, Erdnußsträucher, Schweine, Kühe, kleine Entenküken, ganze

Herden von Stallkarnickeln, Gänse, Truthähne... Mutatell ist wirklich ein kleines Paradies. Erst die maroden Gebäude erinnern wieder an Mosambik. Als Carlos erläutert, daß sie die Wandfarbe aus einem besonderen Kalkgemisch selber machen, daß sie damit jetzt die Häuser weiß tünchen könnten, daß die Männer in ihren freien Stunden gerade eine Art Aufenthaltsraum aus selbstgemachten Ziegeln bauten, da ist Carlos mit seiner sozialistischen Freiheit regelrecht ansteckend.

Hier und da begegnet uns während unseres Spaziergangs ein freundlicher Mörder und plaudert auf Carlos ein. Keiner von ihnen trägt Sträflingskleidung oder wird gar von einem Aufseher angetrieben. »Für die Würde dieser Männer ist es besonders wichtig, daß ihre Kinder sie nicht hinter Gittern, sondern bei der Arbeit sehen.« Im ersten Moment verstehe ich Carlos gar nicht. Ich muß es mir erklären lassen: Wann immer die Familien ihre Männer besuchen wollen, können sie das tun. Vorne, außerhalb der eigentlichen Anlagen, stehen Bänke. Dort treffen sich die Häftlinge mit ihren Angehörigen, nehmen ihre Frauen in den Arm und spielen mit ihren Kindern.

Was denn wäre, wenn sie auch mal ihre Freundin besuchen wollten, frotzele ich. Ich traue meinen Ohren nicht: »Bei besonders guter Führung gibt's einmal im Monat Kino- oder Fußballkarten – mit Ausgang, versteht sich.« Carlos strahlt mich an: »Es ist nur einmal was dabei passiert.« Er zeigt auf einen der netten Mörder. »Er war in einen Autounfall verwickelt, als er nach einem Kinotrip schwarzgefahren ist. Da gab's kein Pardon.« Carlos steckte ihn ein Jahr in ein normales Gefängnis, dessen Sitten eher denen des Nachbarn Südafrika entsprechen.

Mittlerweile sind wir draußen auf einem Feld angelangt und steuern direkt auf eine Postkarten-Idylle zu: auf einem Hügel ein kleiner Teich unter einem großen alten Baum mit Bänken. Ich muß wieder an seine Träume von der sozialistischen Freiheit denken...

Auf einmal kommen Häftlinge auf uns zu, fünf oder sechs. Zwei halten große Macheten in der Hand. Carlos strahlt mich an: »Die haben uns Kokosnüsse von den Bäumen geschlagen.« Wir trinken Kokosmilch, und ich spendiere eine Runde Zigaretten aus Südafrika. Während unseres illustren Picknicks serviert mir Carlos schließlich seinen Mutatell-Leckerbissen: Ob ich die Hütte da hinten unter den Bäumen erkennen könne? Carlos zeigt auf den Hügel. Jetzt strahlt nicht nur er, die ganze Bande hier zeigt ihre Zähne. Einmal alle paar Monate wählen die Häftlinge den Besten. Der darf dann da draußen ein Wochenende mit seiner Frau verbringen.

Rotgepunktete Traurigkeit

Mosambik auf Dauer muß traurig machen, hoffnungslos, resignativ oder schwermütig oder alles zusammen.

Maputo nach einer Woche . . . wirkt anders.

Einige Tage und Nächte habe ich mit Carla, José, ihren beiden Töchtern, Josés Eltern und einem Dutzend Papageien, Hunden und Katzen unter einem Dach gelebt, mit ihnen zwischen zwölf und zwei Siesta gehalten und abends zu tief ins Glas geschaut. Wenn mal drinnen für eine Stunde Stille herrschte, wenn nicht Horden von schwarzen und weißen Kindern durchs Haus tobten, dann habe ich mich hingesetzt, die vielen Leute auf der Straße beobachtet und mich nicht ein einziges Mal nach Südafrika gesehnt, wo zumindest für die Weißen alles möglich ist und alles funktioniert. Menschen auf der Straße. Endlich wieder Leben!

Wenn aus dem Bekanntenkreis irgendeiner ein paar Videos aus Europa bekam, dann war ein Fest mit den anderen sicher. Wie sich überhaupt an jeder Ecke große und kleine, auf jeden Fall aber ausgelassene Partys zwischen Elend und Nichts breitmachen.

Carla sagt: »Wir müssen lauter feiern als ihr!«

Ich denke an die Frau, die immer Kleider mit lustigen roten Punkten trug, wenn sie traurig war.

José parkt das Auto an der heruntergekommenen Strandpromenade – die nicht mehr ist als einige Kilometer verfallener oder zugenagelter Erinnerungen an die Hochzeiten der Kolonie. Dazwischen – gleich vor uns – ein kleiner Hoffnungsschimmer aus Neonlicht und einem die ganze Straße erfüllenden Rhythmus. Es war mir versprochen worden: »An deinem letzten Abend gehen wir aus. Tanzen und essen werden wir, und du wirst dich richtig amüsieren!«

Jetzt sitzen wir mit ein paar hundert anderen Menschen in einer überschäumenden Open-air-Diskothek. Zwar haben wir ein Dach über dem Kopf, aber es steht nur auf Säulen, zwischen denen sich Bäume und Sträucher nach drinnen drängeln, so als ob auch sie um jeden Preis bei dem Spektakel dabeisein wollten.

Ich bin richtig aufgeregt bei dem Anblick. Als ob ich so was, nämlich eine ganz normale Diskothek, noch nie gesehen hätte, krame ich hektisch mein Notizbuch aus der Tasche und schreibe:

Völlig normal, aber unglaublich ... nicht mal eine Rolle Klopapier, aber eine Open-air-Diskothek in Maputo ... wie Überraschungspäckchen ... schöne Frauen ... Copa Cabana ... rassig, tief dekolletiert ... nicht so dick geschminkt wie die südafrikanischen Blondchen ... ein langsamer Blues ... ein blonder Langer in Baumwollhosen – seine Hand bewegt sich langsam rauf und runter auf dem Rücken seiner schwarzen Tanzpartnerin ...

José meint, ich könne nicht den ganzen Abend mit meinem Notizblock rumhocken. Will ich auch gar nicht.

Mir läuft der Schweiß den Rücken herunter. Schon seit einer halben Stunde wirbeln wir lateinamerikanisch übers

Parkett. Die alten Portugiesen hatten zumindest etwas Gutes: brasilianische Musik!

»Jetzt geht es erst richtig los!« brüllt José mir ins Ohr. Ein Baß bearbeitet mein Trommelfell. Schwarze Rhythmen . . . Irgendwann kann ich nicht mehr.

Die letzten Notizen in meinem Buch:

Absurd!! . . . Mosambik: rotgepunktete Kleider! – Deutschland: Modefarbe Schwarz!

Verzeichnis der Bildquellen

Walter Dhladhla (Nr. 4a, 4b, 5, 11a, 11b)

Trevor Samson (Nr. 8a, 8b)

satour (Nr. 3, 15a, 15b)

Sun International Management Ltd. (Nr. 12, 13a, 13b)

Autorin (Nr. 1, 2a, 2b, 3, 6a, 6b, 7, 10a, 10b, 11b, 14, 16a, 16b)